四化 紫微坐宮	貪狼(祿)	太陰(權)	右弼(科)	天機(忌)	沖
子午紫微	命	兄	x	友	兄
丑未紫破	命	兄	x	疾	父
寅申紫府	命	兄	x	子	田
卯酉紫貪	命	兄	x	兄	友
辰戌紫相	命	兄	x	父	疾
巳亥紫殺	命	兄	x	田	子

斗數手札

一

斗數老饕/著

自序

「紫微斗數」——在筆者（斗數老饕）最初接觸之時，總相信這「玄學」可以「預知未來」！真是玄之又玄！於是在因緣際會之下，開始投入紫微斗數浩瀚的學涯當中，初學時期也和一般斗數同好一樣，對照書本、跟著前輩、師長的腳步絲毫不敢怠慢，就怕一不留神，就落掉了重要口訣或文中要義！如此也就這樣過了十餘載！

直到有一天，發生了我人生中最重大的事件！讓我重新認識了「紫微斗數」！原來「它」，不僅僅是「玄學」而已，還是哲學、心理學、命理學、生活學，更是人生的回憶錄、執行指南、未來企畫書……等等！

「紫微斗數」與我們的生活息息相關，了解紫微斗數，才能知道如何讓我們的生活，更趨近我們所嚮往的理想生活！所以老饕認為這是每個人都該學習的一門功課，無須學得多艱深！只要用心體會「紫微斗數」，就可品味出自己想要的生活！所以每個人對「紫微斗數」所持的看法與理念，就決定了此人學習紫微斗數的方向！對於有宗教信仰的同好，斗數可以談神鬼、談修行……！對於重學術者，斗數可以很哲學、通數理……！即使是一般市井小民，也可以藉由「斗數」來了解自己「過去」的生活為何會如此的不堪？「現在」又該如何把握契機？才能在「未來」的困境中達到個人所期待的「滿意生活」！

　　在學習的過程當中，與同好之間的相互切磋，同時也讓 老饕深切的了解到，每位論命者對「命運」的定義不同、認知不同！乃至對於「紫微斗數」的涵蓋範圍與立論角度的不同！都會深深地影響論命的走向與深度！所以個人認為在學習「紫微斗數」之前，「命理觀」的建立是非常重要的課題！找出最符合自己的命理觀、並適合自己的論命模式與方法！如此才能盡情發揮自己所長，在紫微斗數的天地裡，找到屬於自己的絕佳方位！至於所學的「紫微斗數」是否正宗正派？我想已不是那麼重要了！

　　此本《斗數手札（一）》的成因，是 老饕 學習「紫微斗數」數十載以來，所累積下來的心得筆記，將其彙整成冊，拋開艱深難懂的文言詞彙，盡可能以最貼近白話生活的方式呈現，讓更多層級有心向學的同好，能更輕易地進入研究殿堂。再者，老饕 基於對「紫微斗數」的熱愛，也想藉由此書的出版，為自己記錄下學習「紫微斗數」的心路歷程與成果！此書雖非上上之選，但畢竟是 老饕 的嘔心瀝血之首作！期盼能對斗數界有些許的貢獻！

　　　　　　賴永宗（斗數老饕）自序於高雄苓雅寓所 2017／8

目錄 Contents

自序　004

壹、命理觀念的建立 ...011

何謂「命理」　012

何謂「命運」　014

「命格」與「運勢」的區別　016

「生命的運程」可分為三大階段　018

紫微斗數命盤的取用原則　021

命裡有時終須有、命裡無時莫強求　024

「鐵口直斷」與「趨吉避凶」的矛盾　026

神佛、鬼魅、寵物……可入「紫微斗數」盤嗎　028

紫微斗數的解讀大致可分三階段　029

貳、命理基礎 ...031

十天干與十二地支　032

盤面的準備　033

十四顆主星排盤步驟　034

參、命盤的基本結構 ...045

宮、星、四化的關係　046

認識十二宮職　048

十二宮基本宮性　050

「身宮」與「命宮」的關係　058

肆、基本星性的解讀與延伸 ...061

十四顆主星基本星性解析　062

◎紫微星　　　◎天機星　　　◎太陽星

◎武曲星　　　◎天同星　　　◎廉貞星

◎天府星　　　◎太陰星　　　◎貪狼星

◎巨門星　　　◎天相星　　　◎天梁星

◎七殺星　　　◎破軍星

副星星性大綱　110

◎天魁、天鉞　◎左輔、右弼　◎文曲、文昌

◎祿存、羊刃、陀羅　　　　　◎地空、地劫

◎火星、鈴星　◎天空　　　　◎孤辰、寡宿

◎紅鸞、天喜　◎華蓋、陰煞　◎天刑、天姚

◎天哭、天虛　◎月馬、命馬　◎十二長生

「主星」與「副星」的釋象　144

主星與副星的差別　146

星性該如何解讀　148

星性與官祿　151

諸星坐宮亮度廟旺失陷的影響為何　153

伍、宮性的運用與延伸 ...155

轉宮　156

◎兄弟宮的轉宮　◎夫妻宮的轉宮　◎子女宮的轉宮

◎財帛宮的轉宮　◎疾厄宮的轉宮　◎遷移宮的轉宮

◎交友宮的轉宮　◎官祿宮的轉宮　◎田宅宮的轉宮

◎福德宮的轉宮　◎父母宮的轉宮

命盤中「六親宮」可推算出六親的真正「運勢曲線」嗎　179

「我宮」與「他宮」的差別　181

宮位的「我用」與「他用」　183

行業的選擇　185

「真命天子」與「真命天女」的迷思　187

何謂「正緣」　189

論婚姻　191

論感情時「子女宮」與「夫妻宮」的不同　193

掌管壽元的……交友宮　195

「添壽」與「延壽」　198

陽宅概論　200

星性與地理（外局）　203

內局名稱　205

陸、宮位的結合與應用 …207

暗合（六合）　208

宮位對應關係（暗合）　211

二大星系的對應關係（暗合）　214

三合　217

四正位　219

相害（穿）　221

三方四正　224

一般「空宮」論法！　226

宮位對待關係（四化）　228

合婚（對待）　231

疊宮　235

紫微斗數十二宮之……陰陽關係　236

柒、四化專論 ...239

四化導引　240
四化型態　245
「主星化曜」與「副星化曜」的區別　246
「忌」與「沖」的不同　257
四化的釋象！大致上可區分為二種方式　258
相同四化！因「太極」的不同，有不同的解釋範圍　259
「忌入」與「忌出」　260
定數　261
應數　263

捌、流年運勢的論斷 ...265

小限盤　266
太歲盤　268
流年盤　269
制式論命法　271
基礎論命法則　273

玖、論斗君 ...275
拾、生肖盤的應用 ...279
拾壹、定位論命法 ...282
拾貳、四化原理 ...286

拾叁、四化結構探討 ...304

◎甲干四化（改頭換面）

◎乙干四化（鞠躬盡瘁）

◎丙干四化（行善積德）

◎丁干四化（錙銖必較）

◎戊干四化（心想事成）

◎己干四化（量力而為）

◎庚干四化（將心比心）

◎辛干四化（石破天驚）

◎壬干四化（借力使力）

◎癸干四化（不求自來）

壹

命理觀念的建立

何謂「命理」

　　「命」！就是「生命」！舉凡從出生到老死，皆有其演化過程的動、植物，皆是具有「生命」的「生命體」！然而，植物本身並不能支配自己的自由意識與行為，來選擇環境或改變環境，乃是屬於「被動型態」的行運模式！它的生長過程的順遂與否？均取決於外在環境的變化與影響！所以若能完全了解此植物的特性（命），並完全掌控其生長環境所造成的影響，則要判斷此植物的最終成果？根據所得的生長環境資訊與條件（理），就不難推斷其生長的過程與結果！

　　植物有命理，動物甚至是人則更不用說了！植物生長過程是屬於「被動型態」，所以其命理較為單純！而動物本身，具有支配自己的【自由意識】與【行為模式】，來選擇環境或改變環境，乃是屬於「主動型態」的行運模式！面對相同的環境之下，每個個體都有自己的解讀方式，所以當下所做的選擇也各不相同，所造成的最後結局，當然也不一樣！也因為動物具有支配自己的自由意識與行為的能力，才會使得其生長過程與結果難以捉摸與判斷？所以一張命盤，若沒有相對應的生命體（命盤主人），則這張盤充其量，只不過是張「時間盤」而已，是毫無意義的！命理的重點在於人，而非盤哦！

　　一般而言，「命理」的探討均用在「人」身上！人就是一個「生命體」，每個人皆有其特有個性及專屬的條件（命），當面對外在的環境時，基於「什麼個性的人，就會做什麼事（理）」！藉此，就能「預測」此人遇到何種狀況？將會作何反應？結果將會如何？這就是「命理」！而紫微斗數，就是專門探

討此命理的一門學問！所以命盤若沒有對應【特定的人】？則充
其量這只是一張【時間盤】而已！

斗數手札（一）

何謂「命運」

　　一般人對「命運」一詞的認知，常拘泥於「結果論」，總認為「命運終究是天註定的！」，也因此才有這麼一句「命裡有時終須有，命裡無時莫強求」安慰人心的話！所以也才有：「得之我幸、不得我命」！的消極想法！甚至【因為一切都是「天」註定】……所以種種的不如意都是「祂（老天）」造成的！不是我的錯！果真如此嗎？

　　其實不然！「任誰」，都不能掌控任何人一生的吉凶悔吝！唯有「自己」，才能全心全意地為自己付出而無悔！不管結果「有」？或「沒有」？起碼無愧於自己，至少努力過！然而大家為了降低失誤，且防止錯失良機，於是找上命理師或靈媒，想了解未來究竟有哪些災劫？或是有什麼好康？正等著我，如此一等再等，若年少不努力，終究等到老大徒傷悲……

　　欲知「命運」如何？須從「命」字開始，上方「亼」讀音ㄐㄧˊ為「集合」之意。「口」為「氣」，表一個人在出生時，從吸入第一口氣開始，人生旅程就從那一刻開始倒數計時，直到老死。「卩」通「力」＝軀體，表藉由父母給予的軀體，方能展現各種強而有力的行為表現。試想，若只有一口「氣」、而沒有「力」！則無法支配「軀體」的人，就好比帶著氧氣罩的植物人般，能有什麼作為呢？再則，若空有「軀體」，而卻少了那一口「氣」，那不就成了「屍體」了嗎？，所以，將父母「十月懷胎」，費盡心血而賜給我們的「身體」，注入一口充滿日月精華的「靈氣」，寶貴的生「命」於是就此誕生（先天命格）。

　　「運」，從辵部，為行走、移動。「軍」，為整體、規律。

合而為有系統、有規律的進行、運作之意。而此運作的即是父母所賜與的「身體（命）」！在呱呱落地的當下，這「身體」的「運勢」隨即開始運作（後天運勢）！是一分一秒、年復一年、此大限接過彼大限！按部就班、循序漸進的進行著！永不停歇！直到命造「壽終正寢」為止！

綜合以上「命」與「運」，得知「命」為個人無法選擇的先天條件及環境，為與生俱來的，如：父母、身體體質、家庭背景……等，以紫微斗數的角度來看，就是「本命盤」，其中的十二宮職、主副星、生年四化，就是形容命造的「先天命格」，為「體」，為「定數」。而「運」，在這老天給的舞台上（先天命格），每個人有不同的選擇與感受，自然有不同的行為表現及成果，從紫微斗數的角度來看，相對於「本命盤」而言！就是大運盤、流年盤、宮干四化等，在命造「運作之後」的成果展現，也就是「後天運勢」的操作結果，為「用」，為「應數」。至於是好？是壞？是吉？是凶？那就看個人的選擇與表現了！所以，「命運」還是操控在我們的手中，切勿怨天尤人。

「命格」與「運勢」的區別

　　「命運」一詞中的「命」，即所謂的「命格」，是指一個人當下所擁有的「先天條件」，包含所處的外在時勢、環境、資源……等，也包括內在的個人所具備的性格、學習能力、潛能、身體體質……等，這些與生俱來的各種資源，皆屬「命格」的範圍，而此命格的高低，可由命造所擁有的各種「個人條件」來判定之！此為命理學「體用關係」中屬「體」的範圍，此「體」並無吉凶可言。

　　而「運」就是「運勢」，是指命造在「命格」的先天條件環境的規範下，根據自己的想法與需求，做出各種的選擇與努力，因此造就了全新的「命格條件」！這種屬於「個人行為模式」的選擇與努力，改變原有「先天命格」的態勢，而成為「全新的命格」條件！這運作的人為過程就是「運勢」！而改變後「全新的命格」就稱為「後天命格」。所以「後天命格」在「運勢」不斷地推演之下，也不斷的在改變，直到壽終正寢為止！此為「運勢」在命理學「體用關係」中屬「用」的範圍，此「用」的運作！決定了命造的吉凶悔吝！不能不察！

先天命格

　　所謂「先天」！就是「與生俱來」的既有條件！不受命造的影響！也無法選擇！只能被動的全部接受！諸如，生身父母、兄弟姊妹、身家背景、身體體質、個性……等，皆「與生俱來」！此為命造一出生就具備的各項先天條件，是為「體」。此「先天命格」的存在，僅止於出生的「霎那間」！隨即跟著時間的推

移，此「先天命格」逐漸改變！而轉為「後天命格」！

後天命格

　　而「後天」！就是指命造有意識的「行事作為」！也就是命造在「先天命格」的環境架構下，運用各種行為方式進行改變！而成就「嶄新的命格」條件！此即為「後天命格」！

先天運勢

　　當命造從哇哇落地時起，命造即開始展開一連串的運作行為，而這些在「行運前（第一大限前）」，基於「求生本能」而做出的各種行為表現！此時並沒有個人自由意識的介入，故此為「先天運勢」！此階段只出現在「出生後」到「行運前」哦！例如：水二局的人，二歲開始行運，所以二歲以前的各種行為模式，均屬於「先天運勢」，二歲開始進入「第一大限」以後的行為模式，則屬於「後天運勢」。而火六局的人，則六歲開始行運，所以六歲以前的各種行為模式，均屬於「先天運勢」，而六歲開始才進入「第一大限」的「後天運勢」，故火六局的人總讓人感覺比較慢開竅。

後天運勢

　　無論「先天命格」或「後天命格」，在命造的運作之下而成就嶄新的「命運格局」，為此所做的努力與抉擇，而付出的心力！即為「後天運勢」！為「用」！而此運作行為，隨著命造不斷成長、學習所做種種抉擇與努力，成就每一個階段（大限‧流年）的「命運結果」！這每個階段的「命運結果」，串聯成命造一生的「命運曲線」。

「生命的運程」可分為三大階段

懷胎十月（先天命格）的形成

　　「生命」的形成，由父精母血的結合！開始揭開一生的序幕！這「小生命」在母體內經過「大約十個月」的孕育過程！此「胎兒時期」當然也有早、晚產的現象！雖然懷孕的時間長短落差頗大！但並不一定會影響胎兒日後的「運程」發展！畢竟「成品」才能出廠，不論生產的時間長短？但論出廠的日期時間（落土時）！

　　就「紫微斗數」而言，這「十月懷胎」的過程！就是成就此小生命的「本命盤」！在懷孕期間，所有主、副星皆未定位？所以此時期外界對胎兒的影響，會直接反應在本命盤的結構上！此即為「先天命格」！所以可想而知，懷孕期間「胎教」的影響是何等的重要！對日後的發展影響深遠！不可不重視！而出生即以一歲計算！此乃生命是從「父精母血結合」的霎那間開始起算之故！而懷孕期不論長短，都算一歲（虛歲）！在此階段命造沒有任何的「行為能力」，故無任何「運勢」可言！

落土時～行運前（後天命格＋先天運勢）

　　當「胎兒」在脫離母體的那一刻起（落土時）！「先天命格」就已確立！但經由嬰兒吸入第一口氣開始，隨即由「先天命格」轉為「後天命格」！在此所謂：後天命格，乃是在「先天命格」的規範之下，藉由命造的「運作行為」一點一滴的改變原有的「先天命格」的參數，而成為「後天命格」！然而這些「運作行為」是嬰兒本能的求生行為，並無意識形態的介入，故稱為

「先天運勢」！

就「紫微斗數」而言！從「出生」到「行運之前（第一大限）」，皆屬命造的「本能反應」！而開始行運的年齡，就在「命宮」的局數中！例如：木三局者，三歲即進入第一大限，故從三歲開始會對周遭的人、事、地、物 等產生興趣並開始學習、思考……。而火六局者，六歲才進入第一大限！所以火六局的人，給人感覺開竅的時間較晚！所以在此「行運之前」的種種行為，都沒有個人意識形態的介入。

第一大限～壽終正寢（後天命格＋後天運勢）

從第一大限開始，命造在不斷的成長、學習、思考、抉擇、努力……中，一步一步不斷的在改變每個階段的「後天命格」！而每個階段的「後天命格」所呈現的「局勢好壞」！就是我們統稱的「命運（結果）」！前一秒的「命運結果」！是後一秒的「後天命格」、今年的「命運結果」！是明年的「後天命格」、第一大限的「命運結果」！是第二大限的「後天命格」……依此類推！直到壽終正寢為止！

以「紫微斗數」來說！一生的運勢雖有流年、大限之分，但就現實面而言，每個人一生的運勢發展是一條不間斷的「運勢曲線」！就像「時間」的流逝一樣，分秒都在規律的進行著！而之所以會以流年、大限來區隔每段的運勢發展！實乃為了方便在命盤上的操作與釋象，而做出的權宜之法！

生命的運程中！每個階段的「命運」結果！在每個人的命盤中都被規範在所管轄的範圍之內，而此範圍內的「命運」結果的推斷，會因「命理師」的認知不同，而有不同的解讀方式與角度！故「命運」結果的推斷並不是唯一！而是有千、百甚至更多

的不同「命運結果」！也因為如此，相同命盤的人，在不同的選擇、不同的認知、不同的作為⋯⋯之下！自然成就不一樣的「命運結局」！

生命的運程圖

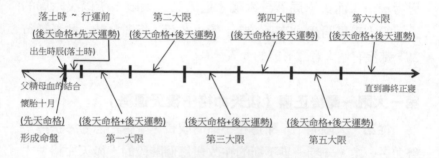

一般論命時，所採用的「基準點」，都會採用出生時的「生辰八字」為主！但一個生命的開端，實際上是由父精母血的結合（形成受精卵），開始揭開一生的序幕不是嗎？⋯⋯ 雖說如此，「命運」的開始，畢竟必須先有「生命體」的產生（體），才有接下來一連串的行運模式的延續（用）！而「生命體」的產生過程，是人無法掌控的部分！也只有在「出生之後（落土時）」，才能進行日後行運的運作！成就日後的命運結果！即便如此，在論命時，年齡的推算，依然會將「懷胎十月」推估為虛歲一歲，算進「命運的運程」當中！只是在論命上還是以「生辰八字」為起運的開端！這是人可以掌控的部分！

紫微斗數命盤的取用原則

　　在山、醫、命、相、卜「五術」當中，「子平八字」與，「紫微斗數」是屬於五術中「命」的範疇，所根據的命理標竿就是「生辰八字」！也就是「出生時辰」、又叫「落土時」！然而因為，「子平八字」與「紫微斗數」的設計原理不同！所以採用不同的曆法計日。

　　其中「子平八字」因以「太陽」為主，取「太陽曆」！故特別重視「十二節氣」對人的影響！而「紫微斗數」，以「太陰」為主，採用「農曆」！此「農曆」乃為「陰陽合曆」，所以才有十九年置七個閏月，使太陽曆、太陰曆回歸一線！但，「紫微斗數」是以月亮、諸星辰對應人類的影響而設計的，所以是以「農曆」中的「太陰曆」為主的命理學！雖可與，「子平八字」相互印證，但二者之學理是不可混用的！因原理、架構不同，「混用」恐怕會亂了套哦！

　　至於「出生地」在山上、海邊、沙漠、東方、西方、南半球、北半球……甚至南極、北極！這「出生時間」該如何確定？這是一個蠻受爭議的問題！但回過頭來！紫微斗數「命盤的取用」，命盤本身並沒有考量地域、環境的因素！所以排盤剩下的唯一考量就只是【出生時間】的認定而已！所採用的計時工具，無疑就是「農曆」！而不管生在「地球」的任何一個角落，均取用「當地對應的農曆年、月、日、時」！而所對應的「農曆時間」也是「唯一」的！

　　時間！對地球的人類而言，只有一個真正的【標準時間】！這個「標準時間」是由人來訂定的（目前是各國公認以格林威治

標準時間為準）！因為人類的活動皆以太陽的起落來決定日常的【生活作息】！但因為地球自轉的關係，有些地區相對於以「標準時間」計算的地區來說，會有頗大的差距！例如：甲區的人以「標準時間」來計算日子，當太陽在甲區某個定點，為【早上七點開始一天的活動】！而乙區的人若以「標準時間」來計算日子，則可能相差十二小時，而成為晚上七點，所以就乙區的人來說，【早上七點開始一天的生活作息】是不正確的！所以乙區的人就會根據「當地時間」與「標準時間」的「時差」進行加減調校，而使太陽在乙區的定點，與甲區一樣！也具有【早上七點開始一天的生活作息】的效果，故所產生新的時間，就是當地的「相對時間」！所以每個地區的時間都是「相對時間」。如此一來就符合全球各地區【生活作息】的計時。

就紫微斗數而言，取出生時辰並不考量【生活作息】！所以只需要【標準時間】即可，而其計時工具為「農曆」，且以農曆中的「太陰曆」為準！這是我們老祖先所創建出來的智慧結晶！而當時的老祖先就生活在黃河中、下游一帶（中原），由此觀測太陽、月亮與諸星辰對地球產生的關係與影響，而創建了「紫微斗數」！而「紫微斗數」所要取用的「時間」，當然是以老祖先的所在地為依歸！所以紫微斗數的取用時間，理當以黃河中、下游一帶的中原時間（洛陽時間）為【標準時間】，稱為【中原標準時間】！如此全球各地的人，只要是取「紫微斗數」命盤，皆應調教當地的「相對時間」而成為【中原標準時間】，則論運時才能統一時間的運算，而無須行運中還得頻頻換算為當地的「相對時間」。

故不論「出生地」所採用的是「西曆」也好、「太陽曆」也罷！都得轉換成當下所對應的「農曆」時間！如此才能為「紫微

斗數」取盤所用！否則當論及大限、流年「交替」時，該取哪一個「時間」為「起始點」呢？「閏月」又該如何處置呢？

　　而對於「地域、環境」等因素，並不影響「命盤」的形成！因為這些條件的考量，可從紫微斗數的「四化原理設計」當中，就已考量進去了！故同一「出生時間（農曆）」不論生在美國、非洲、南北極……等不同區域的人，皆擁有「一模一樣」的命盤，而對於「地域、環境」等外在因素所造成不同程度的影響！是命理師在「論命時」所要考量的「個別因素」！與「命盤」本身的形成無關！命盤不會因為地形、地物而改變！只因為「命盤」是「時間」的產物！

　　即便如此，許多命理師依然會以命造的「出生地」的時間為【標準時間】來取盤！當然也可以！只要換算成當地的「農曆時間」，依然可以取「紫微斗數命盤」，只是所取的盤必定不同，所顯現的各種現象也會不同，但不論是取哪一種盤？所論出的結果都是正確的！這是因為「取盤的角度」不同，所以論盤時的「觀釋角度」也就不一樣，所以會有不一樣的解答方式！這種現象實屬正常，所以二者都準確！就好比「論流年」時，究竟是「流年盤」準呢？還是「小限盤」較準呢？是同樣道理的！

命裡有時終須有、命裡無時莫強求

　　「命裡有時終須有、命裡無時莫強求」！相信很多朋友都很認同這句話！甚至有人更是以此為人生處事的座右銘。人生不如意十常八九！若能得此佳句，倒也能讓糾結的心釋懷！……不過，若對於好吃懶做、眼高手低的人來說，卻是很好的推托之詞哦！反正命中已註定沒有！那又何必多費唇舌、浪費體力、消耗精神呢？此時的「佳句」！卻成了這些人的最好「藉口」！所以，這句話對嗎？

　　「命裡有時終須有、命裡無時莫強求」！這句話，和「人一出生、就註定了死亡」是一樣的「真理」！但也同樣的空泛！從「老天」的角度而言！完全正確！因為命中註定的事，本來就是「二選一」的選擇題！都是「老天」安排的！所以「老天」說了算！但是，話說回來「老天」究竟是何方神聖？是玉皇大帝？耶和華？穆汗莫德？諸神明？還是命理師？還是通靈人？還是……？相信以上諸位神聖，皆不能完全掌控我們的命運！既不能掌控、亦不能給！故決不是「老天」！既然「叫天天不應、叫地地不靈」！那麼不妨就試著「自己」當「老天」吧！不管命裡有沒有，總得先盡人事，聽天命吧！不管有沒有、成不成！最起碼努力過，倒也無愧於自己！若依然一事無成！此時再用上「命裡有時終須有、命裡無時莫強求」！來安慰自己，倒也心甘情願！

　　對於凡事未付出努力就搬出此「藉口」的人來說！此佳句卻成了凍結這些 輕易「認命」之人的一切動力！故此佳句必須「因人而異」！畢竟命裡有沒有？沒人敢拍胸脯當「老天」！神

仙都不敢，更何況是人！不過，只要自己做得到絕對給得起「自己」！所以前段「命裡有時終須有」，還是得靠自己努力才有啊！當已非常努力而仍然無所獲時，此時後段「命裡無時莫強求」，就是用來安慰人心的最佳方劑了！

「鐵口直斷」與「趨吉避凶」的矛盾

　　「算命師」所追求的最高境界，無非是能「預知未來」所有事的吉凶，盡在自己的「掌心」之中！但僅憑「生辰八字」真能辦得到嗎？撇開「通靈」不說，子平八字、紫微斗數……等命理學辦得到嗎？

　　紫微斗數盤是以「出生時間」為基礎，所排出來的「共盤」！只要是「當下時辰」所出生的人，無論你身在「地球上」的某處，都適用！當然時間的參考點，理當以紫微斗數的發源地為基準！因為「農曆時間」只有一個！就是「中原標準時間」！也因為是「共盤」的關係，所以相同命盤者，比比皆是！如雙胞胎者，更是如此！不過這不會影響論命的準確度！因為，此「共盤」搭配「特定對象」之後，所運作出來的「命運曲線」！鐵定是「獨一無二」的！

　　雖如此，僅憑「命理學」真能「鐵口直斷」嗎？若能100%正確無誤！當然可稱得上有「預知未來」的能力！堪稱「神人」！真是當之無愧！但若存有一絲絲的「誤差值」，哪怕只有千萬分之一！都只能稱「預測未來」而已！因為只有預測才容許「誤差值」！就算是神仙，有時也會凸槌！更何況是普通的人！

　　再說，即便是「猜對」了！若不能有效的「趨吉避凶」！那就失去「算命」的意義了！話說回來，既然能趨吉避凶！便改變了所論斷的「結果」！……所「斷」出來的吉凶！豈不是「不準」了嗎？那究竟是要「應驗吉凶」？還是「趨吉避凶」？就看「命理師」的良心了！一是「鐵口直斷」！應驗吉凶乃神人也！二是「趨吉避凶」！福惠眾生也！

　　就「求教者」而言！前來算命，無非是碰上了瓶頸或麻煩事，所為的當然是「趨吉避凶」囉！只要給對了「良方」！解決困擾！就算過程中有瑕疵又有何妨？

　　對「算命師」來說！總希望能建立起自己的「專業威信」！若能「屢斷屢驗」！在諸信眾與同行間必能擁有自己的「響亮名號」！但，若不能提供解決問題之道！這所斷出之「結果論」恐將造成求教者的惶恐！甚至在未來的日子裡，讓「求教者」陷入更無助的深淵之中！有時不知還好！一旦了解又無法解決，無時無刻的擔憂！即使真沒問題，如此折騰！連不該有的問題都出來了！那可真是「造口過」啊！

　　身為「命理人」！你是怎麼看待「鐵口直斷」與「趨吉避凶」之間的分際呢？

神佛、鬼魅、寵物……
可入「紫微斗數」盤嗎

　　「紫微斗數」是一部記錄一個人一生的「生活史」！當一個人蓋棺論定時！從命造的命盤就能檢視出一生運勢的起伏，包括所有大大小小的生活點滴！既然如此，若此命造的生活與宗教信仰、神佛鬼魅有關，那論命時自然離不開這些話題，因為這些是他生活的一部份，影響著他的生活！姑且不論這些神佛、鬼魅是否「真的」存在？但至少存在命造的心中！藉由斗數中「星性」的延伸及搭配「宮性」，也能找出符合命造心中所認定「無形力量」的屬性！……但，若命造是「無神論」者，則論命時，就無須論及神佛、鬼魅了！因為此命造的生活中並不認同「祂」的存在！談「祂」又有何意義呢？除非那天命造突然「開竅」！而篤信神佛，那麼此時的神佛、鬼魅對命造來說才有意義！帶入命盤當然可以囉！

　　對於「寵物」來說也是一樣，「牠」……對於某些人來說，猶如自己的「小孩」般的照顧，所付出的心力有時並不亞於「親生小孩」！論命時在命盤中必能找到屬於「牠」的位置與影響！但若命造打從心裡就排斥「毛小孩」！那命造命盤中自然容不下牠，又怎麼會有其地位呢？談論至此，或許會有人問？寵物的命運可算嗎？原則上「可算」！但必須從「寵物的世界及觀點」，才能論「牠的命盤」！所以當「命理師」可以變身為「寵物」時，就能幫「寵物」算命了！否則算出來寵物的命運，也都是以「人（飼主）」的角度在看「寵物世界」罷了！所以「寵物」的命運還是掌控在「人（飼主）」的手上！

紫微斗數的解讀大致可分三階段

過去式：對於過去已發生的大小事情皆可由命盤中一一印證！也因為它就像是一個人的「回憶錄」，所以可以藉此來驗證命盤的正確性？也就是所謂的「定盤」！同時也可明瞭「紫微斗數」其實就是一部記錄一個人一生，生活狀況的「生活史」！

現在式：目前正發生的、正在發展的事情，也都在命盤中不斷的演進！命盤的宮、星、四化雖然都不變！但！每個人在當下所運作的宮性不同、星性不同、四化運作不同！下一秒的「未來命運」都會有不一樣的吉凶悔吝！所以，它也是一份「執行中的企畫書」！

未來式：對於未來的事！這是所有人都想知道的事，正所謂「千金難買，早知道」！若能「預知」未來？那麼還有什麼辦不到的事呢？老實說，「紫微斗數」並不能「預知」未來！因為「預知」就代表命運結果的答案是「唯一」！不容許一絲一毫的誤差！雖如此，紫微斗數的「預測」功能甚強！若再加上命造「個人專屬條件」！則會更接近真實的命運結果。

所以紫微斗數決非「判決書」！而只是隨時可以調整的「企畫書」！只要有心，未來的命運都可以藉由對宮性、星性、四化的了解與運作，做適當的調整，進而達到「改運」，趨吉避凶的目的！這也是一種「運命」的結果！

貳

命理基礎

十天干與十二地支

序數： 1 2 3 4 5 6 7 8 9 10 11 12
天干： 甲 乙 丙 丁 戊 己 庚 辛 壬 癸
地支： 子 丑 寅 卯 辰 巳 午 未 申 酉 戌 亥
PS：奇數為陽，偶數為陰。

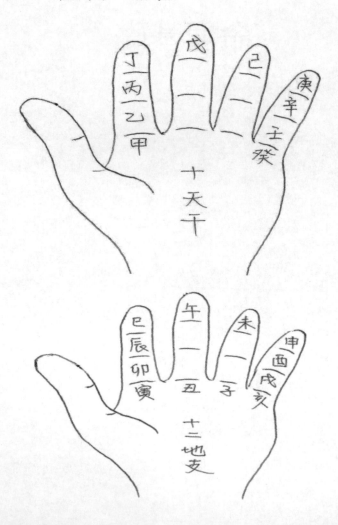

盤面的準備

巳	午	未	申
辰	陰陽 女男 身主星 命主星 年月日時		酉
卯 局			戌
寅	丑	子	亥

十四顆主星排盤步驟

步驟一：在命盤中填入姓名、生辰八字（年月日時）等，個
人資料。

步驟二：依出生年干支定陰陽男女。

步驟三：依「五虎遁」定宮干。

步驟四：依生月、生時定命宮、身宮。

步驟五：依命宮逆佈其餘十一宮。

步驟六：定命主、身主。

步驟七：定五行局。

步驟八：定紫微星、天府星。

步驟九：安紫微星系。

步驟十：安天府星（另法）。

步驟十一：安天府星系

步驟一：在命盤中填入姓名、生辰八字（年月日時）

<1> 將姓名、性別、出生年、月、日、時，以「農曆」示之
將姓名。

<2> 出生年以六十甲子干支表示（查閱萬年曆）。

例：民國六十五年次出生為歲次丙辰年（台灣地區的求
法）

歲次取法：

（A）取天干：以出生年次之個位數減二，所得之數即為命
造出生年干的序數。

（B）取地支：以出生年次除以十二，所得之餘數為出生年
　　支的序數。

（C）若民國年次之個位數減二等於零或小於零，則須加十
　　後方為出生年干的序數。

（D）取地支時，以年次除以十二，所得餘數為生年支的序
　　數。

（E）當餘數為零（整除）時，則餘數視為十二。

<3> 出生時的判定，超過午夜十一點以後，應以隔日記，因
　　當日晚上十一點至凌晨一點為隔日之子時。

<4> 若時辰不能確定，應以「三時斷」法檢視之。

步驟二：依生年干支定陰陽男女

<1> 六十甲子，天干地支擇一相配，陽干配陽支，陰干配陰
　　支，組成六十甲子，以甲子為首，依序為乙丑、丙寅、
　　丁卯……壬戌、癸亥。

<2> 生年干支為陽者，為陽男或陽女。生年干支為陰者，為
　　陰男或陰女。

六十納音（六十甲子）：

甲乙丙丁戊己庚辛壬癸甲乙
子丑寅卯辰巳午未申酉戌亥

丙丁戊己庚辛壬癸甲乙丙丁
子丑寅卯辰巳午未申酉戌亥

戊己庚辛壬癸甲乙丙丁戊己
子丑寅卯辰巳午未申酉戌亥

庚辛壬癸甲乙丙丁戊己庚辛
子丑寅卯辰巳午未申酉戌亥

壬癸甲乙丙丁戊己庚辛壬癸
子丑寅卯辰巳午未申酉戌亥

步驟三：依「五虎遁」定寅宮宮干

<1> 以生年干取「五虎遁」定「寅宮」宮干。

命盤中，天開於子、地闢於丑、人由寅（虎位）始。所以命盤的「宮干」由人位的「寅宮」開始定宮干！然而寅為「陽支」，根據「六十納音」的法則，理應配「陽干」，所以「寅宮」只能搭配「五陽干」而成為「甲寅、丙寅、戊寅、庚寅、壬寅」之一，故得此「五虎（寅）」之名！此法名曰：「五虎遁」。

甲 ---- 遁 ---> 丙

乙 ---- 遁 ---> 戊

丙 ---- 遁 ---> 庚

丁 ---- 遁 ---> 壬

戊 ---- 遁 ---> 甲

己 ---- 遁 ---> 丙

庚 ---- 遁 ---> 戊

辛 ---- 遁 ---> 庚

壬 ---- 遁 ---> 壬

癸 ---- 遁 ---> 甲

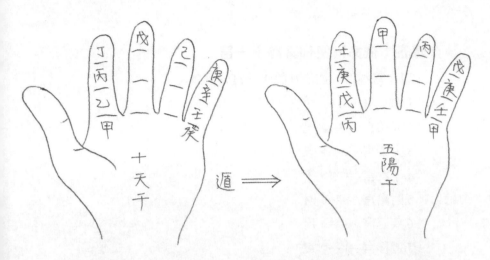

<2> 遁出之天干皆為「陽干」，安入「寅（人位）」宮。

<3> 依序由寅宮順安其餘十一宮，其中子、丑兩宮的天干，分別與寅、卯兩宮的天干相同（同干通氣）。

查表定宮干（五虎遁）

宮干 ＼ 宮支	寅	卯	辰	巳	午	未	申	酉	戌	亥	子	丑
甲己	丙	丁	戊	己	庚	辛	壬	癸	甲	乙	丙	丁
乙庚	戊	己	庚	辛	壬	癸	甲	乙	丙	丁	戊	己
丙辛	庚	辛	壬	癸	甲	乙	丙	丁	戊	己	庚	辛
丁壬	壬	癸	甲	乙	丙	丁	戊	己	庚	辛	壬	癸
戊癸	甲	乙	丙	丁	戊	己	庚	辛	壬	癸	甲	乙

步驟四：依生月、生時定命宮、身宮

<1> 寅宮起正月，順數生月，所落之宮起子時。

<2> 順數生時所落之宮為「身宮」。

<3> 逆數生時所落之宮為「命宮」。

<4> 身宮必與盤中的1.命宮、3.夫妻、5.財帛、7.遷移、9.官祿、11.福德等「奇數」宮位中的其中一宮同宮。

步驟五：依命宮逆佈其餘十一宮

以命宮為首，逆佈其餘十一宮分別為：

1.命　　宮 -------> 命

2.兄弟宮 -------> 兄

3.夫妻宮 -------> 夫

4.子女宮 -------> 子

5.財帛宮 -------> 財

6.疾厄宮 -------> 疾

7.遷移宮 -------> 遷

8.交友宮 -------> 友

9.官祿宮 -------> 官

10.田宅宮 -------> 田

11.福德宮 -------> 福

12.父母宮 -------> 父

步驟六：依命宮、生年支定命主、身主

依「命宮」所入地支定「命主星」

武曲 巳	破軍 午	武曲 未	廉貞 申
廉貞 辰	命主星		文曲 酉
文曲 卯			祿存 戌
祿存 寅	巨門 丑	貪狼 子	巨門 亥

依「生年支」定「身主星」

天機 巳	火星 午	天相 未	天梁 申
文昌 辰	身主星		天同 酉
天同 卯			文昌 戌
天梁 寅	天相 丑	火星 子	天機 亥

步驟七：定五行局

<1> 以「命宮」的干支定五行局

<2> 先取命宮天干，再順取地支，定五行局

方法：

（A）先取「命宮天干」於掌盤中（圖一）。甲乙入寅宮
　　　（食指根部）、丙丁入巳宮（食指頂部）、戊己入午
　　　宮（中指頂部）、庚辛入未宮（無名指頂部）、壬癸
　　　入子宮（無名指根部）。於「命宮天干」所在位置起
　　　子丑，「兩兩順數」（接續「寅卯、辰巳、午未、申
　　　酉、戌亥」）數至「命宮地支」，對照五行掌盤【圖
　　　二】即得。

（B）起地支時，從子丑兩兩順數，至第三宮若未達「命宮
　　　地支」，則回頭至子丑位續數地支午未，直到數到為
　　　止。

（C）最後落點對應圖二即得。

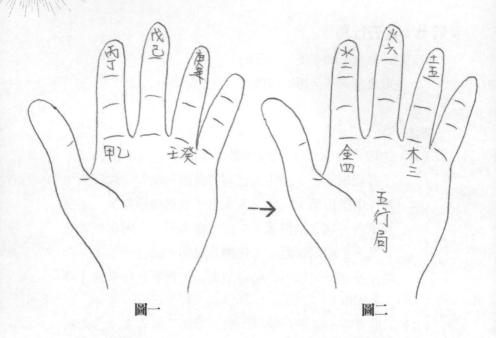

圖一　　　　　　　　圖二

五行局（查表）

命宮干＼命宮支	子丑	寅卯	辰巳	午未	申酉	戌亥
甲乙	金四局	水二局	火六局	金四局	水二局	火六局
丙丁	水二局	火六局	土五局	水二局	火六局	土五局
戊己	火六局	土五局	木三局	火六局	土五局	木三局
庚辛	土五局	木三局	金四局	土五局	木三局	金四局
壬癸	木三局	金四局	水二局	木三局	金四局	水二局

步驟八：定紫微星、天府星

<1> 以「生日」除以「局數」，若整除時則取「商數」，於
　　　寅宮起一數，「順數」至「商數」，於該宮定「紫微
　　　星」。如：1（寅）、2（卯）、3（辰）、4（巳）、5
　　　（午）……依此類推。

<2> 以「生日」除以「局數」，若整除時則取「商數」，於
寅宮起一數，「逆數」至「商數」，於該宮定「天府
星」。如：1（寅）、2（丑）、3（子）、4（亥）、5
（戌）……依此類推。

<3> 若不能整除時：$\dfrac{生日數＋（奇數）}{局數}$

＝商 → 商－奇數＝>寅宮起一數順數定紫微、逆數定天府。

<4> 若不能整除時：$\dfrac{生日數＋（偶數）}{局數}$

＝商 → 商＋偶數＝>寅宮起一數順數定紫微、逆數定天府。

<5> 潤月生者，則「生日數」須再加同月份之第一個月之日
數求出（查萬年曆）。

<6> 若為「負數」，則從寅宮起 1 數，「反向逆推」紫微
星，依「逆數」依序1（寅）、0（丑）、-1（子）、-2
（亥）、-3（戌）…… 依此類推。天府星亦「反向
逆推」，則依「順數」依序1（寅）、0（卯）、-1
（辰）、-2（巳）、-3（午）……依此類推定天府星。

步驟九：安紫微星系

紫微星系：紫微、天機、太陽、武曲、天同、廉貞等六顆主
星。

口訣：紫微天機星逆行，隔一陽武天同情，又隔二宮廉貞位，再隔三宮紫微亭。

簡訣：紫機逆行，隔一陽武同，空二廉貞，隔三回紫微。

步驟十：安天府星（另法）

<1> 若將寅申設為中軸線對折，則（1）寅、申自疊（2）丑、卯相疊（3）子、辰相疊（4）巳亥相疊（5）午、戌相疊（6）未、酉相疊。

<2> 天府星的落宮，必與紫微星的落宮「自疊」或「相疊」。

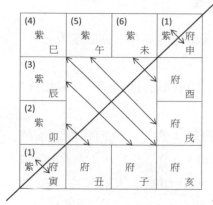 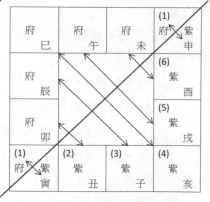

步驟十一：安天府星系

天府星系：天府、太陰、貪狼、巨門、天相、天梁、七殺、破軍等八顆主星。

口訣：天府太陰順貪狼，巨門天相與天梁，七殺空三破軍位，隔宮又見天府鄉。

簡訣：府順陰貪，巨相天梁，殺過三破，隔一府鄉。

紫微在子

陰 巳	貪 午	巨同 未	相武 申
府廉 辰			梁陽 酉
 卯			殺 戌
破 寅	 丑	紫 子	機 亥

紫微在午

機 巳	紫 午	 未	破 申
殺 辰			 酉
梁陽 卯			府廉 戌
相武 寅	巨同 丑	貪 子	陰 亥

紫微在丑

貪廉 巳	巨 午	相 未	梁同 申
陰 辰			殺武 酉
府 卯			陽 戌
 寅	破紫 丑	機 子	 亥

紫微在未

 巳	機 午	破紫 未	 申
陽 辰			府 酉
殺武 卯			陰 戌
梁同 寅	相 丑	巨 子	貪廉 亥

紫微在寅

巨 巳	相廉 午	梁 未	殺 申
貪 辰			同 酉
陰 卯			武 戌
府紫 寅	機 丑	破 子	陽 亥

紫微在申

陽 巳	破 午	機 未	府紫 申
武 辰			陰 酉
同 卯			貪 戌
殺 寅	梁 丑	相廉 子	巨 亥

紫微在卯

相 巳	梁 午	殺廉 未	申
巨 辰			酉
貪紫 卯			同 戌
陰機 寅	府 丑	陽 子	破武 亥

紫微在酉

破武 巳	陽 午	府 未	陰機 申
同 辰			**貪紫** 酉
卯			巨 戌
寅	殺廉 丑	梁 子	相 亥

紫微在辰

梁 巳	殺 午	未	廉 申
相紫 辰			酉
巨機 卯			破 戌
貪 寅	陰陽 丑	府武 子	同 亥

紫微在戌

同 巳	府武 午	陰陽 未	貪 申
破 辰			巨機 酉
卯			**相紫** 戌
廉 寅	丑	殺 子	梁 亥

紫微在巳

殺紫 巳	午	未	申
梁機 辰			破廉 酉
相 卯			戌
巨陽 寅	貪武 丑	陰同 子	府 亥

紫微在亥

府 巳	陰同 午	貪武 未	巨陽 申
辰			相 酉
破廉 卯			梁機 戌
寅	丑	子	**殺紫** 亥

命盤的基本結構

宮、星、四化的關係

紫微斗數命盤的基本要件即是宮、星、四化，此三要件組成命盤的主要架構，當然所詮釋的領域範圍也不同。

宮性

紫微斗數盤中有命、兄弟、夫妻、子女、財帛、疾厄、遷移、交友（奴僕、僕役）、官祿（事業）、田宅、福德、父母等十二個宮職，此十二個宮職代表著影響命造一生運勢中的十二種品項包括環境、資源、人脈、個性……等先天條件。有固定的解釋範疇，故為「體」，若以房子來示，即為屋中的臥房、書房、客廳……等各種不同功能的房間，所以為環境，為「硬體設備」。

星性

星可形容「宮性」的特質、功能、屬性、型態……等條件，猶如「形容詞」。只是為了方便理解星性，故以封神榜中的人物的性格加以詮釋。

如：紫微入田宅，即可形容豪宅、別墅、高樓大廈……。當然此星性是可以引申及操作的，故為「後天條件」，為「用」。如，房間中的設備、設施、用具……不同的房間有不同的設備，當然不同的人所要求的設備也不一樣。所以為「軟體設施」。

四化

為「星在宮中的表現，所呈現出來的成果，給人的「感受」。分別以祿、權、科、忌四種能量、磁場、感覺來表示某「太極」對此宮的感受為何？所以「四化」，為展現某星在某宮，所造成的磁場，讓「太極」感受為何？故四化為「星在宮中表現狀況的呈現」。如；書房（宮）中的中央空調（星）很舒服（四化）。所以沒有「四化」的宮位，也只是個「虛象」而已，沒有四化（磁場）的引動，此宮就沒有任何動靜的改變，自然無法造成「宮象」的改變！當然無吉凶可言！故只可參考而無法運作及掌控！

認識十二宮職

紫微斗數命盤的結構包括：

（1）十二宮職（2）各主、副星（3）生年四化。

其中「十二宮職」所掌管的為「主事宮」所涵蓋的範圍、屬性、六親……等先天環境！故為「體」！此十二宮職以「命宮（我）」為主！為「太極」！依序為1.命宮、2.兄弟宮、3.夫妻宮、4.子女宮、5.財帛宮、6.疾厄宮、7.遷移宮、8.交友宮、9.官祿宮、10.田宅宮、11.福德宮、12.父母宮，共十二宮職。除命宮以外，其餘十一宮都可詮釋「命宮」在面對此「十一宮職」時的種種狀況與心態！所以這「十二宮職」都是屬於「我的宮職」！

就算是所謂的「他宮」如：子女宮，雖可論「我的小孩」！但僅指「我眼中」小孩的特質，而非指「特定」某個我所生的小孩哦！否則「子女宮」究竟是指老大、還是老二、老三……或者要以「先生的子女宮」為主？還是以「太太的子女宮」為主呢？這也同時說明，夫妻面對共同所生的小孩時，感受與看法未必相同！因為夫妻倆的「子女宮」未必相同之故！同理，其餘六親宮也可以此類推！當然若要深論某個「特定對象」時，不妨加入「生肖」定位，即能明顯分辨出在同宮職下的差異！

在行運中，隨著時間的推移，命造不斷成長、學習、改變，所以每個「宮職」都會在每個大運、流年中或多或少會有改變！但每個「運限宮職」皆在「本命宮職」的架構範圍之內！此即「萬法歸宗」！

　　當然，當活盤運用時，隨著「太極（命宮）」的轉移！其餘十一宮亦可為「太極（主事宮）」，此時除「主事宮」以外的十一宮，與主事宮產生的「宮位關係」，成為此「主事宮」的十二宮職！所以宮職由「本命盤宮職」轉換為「新宮職」！因宮職宮性完全不同！故個人稱為「轉宮」！藉由轉宮的特性，所能論的範圍就更寬廣了！

十二宮基本宮性

1. 命宮：我，太極，本質，個性，立足點，中心點……

在紫微斗數盤中，最重要也最核心的宮位，莫過於「命宮」，也是其餘十一宮所論之事的中心點！因為這十一宮職都在詮釋此「命宮」，對於這十一宮職的想法、看法與感受！

2. 兄弟宮：兄弟，夥伴，同脈，互動，同行，同輩，同類，搭配，搭擋，往來，夫妻之間……

於「兄弟」的宮性來說，兄弟宮並非專指親兄弟姊妹而已，而是指平時就有密切接觸及互動的親朋好友，他們之間未必有血緣關係，所以，平時工作閒暇之餘，互動頻繁的友人，都屬於兄弟宮的範圍。而此宮所呈現此六親的各種現象，都只是命宮所感受到的表象而已，並不代表此六親的「真正本質」哦！

於「互動」的宮性來說，這是屬於行為表現的宮性，由宮中的主、副星所呈現的星性來詮釋命宮與親朋好友間，是如何的應對進退！

「夫妻間」的宮性，實則為「互動」宮性中的其中一環，只是，此議題是論命時頗為熱門的話題，既然是專指「夫、妻」，所以此宮所呈現的現象，就可為夫妻之間的互動模式，而此互動模式一旦出問題，當然會影響彼此夫妻間的感情，甚至殃及婚姻！故對於婚姻產生摩擦時，此宮往往能夠提供不少造成摩擦的資訊。

3. 夫妻宮：配偶，另一半，親密關係，親密伴侶，陰陽合……

以「配偶」的宮性而言，此表在現有的制度下，遵循禮數與規章而完成婚禮，為眾人所認定的「夫妻」者，則入此宮。根據我國的憲法，因採「一夫一妻」制，所以此宮之人僅可為一人！若二婚、乃至多婚者，不論結幾次婚，「配偶」都看此宮。因此宮所指的「配偶」，乃是命宮眼中的配偶，不能詮釋配偶的真正本質，若要了解每個階段的配偶，除了「夫妻宮」以外，還必須參考配偶生肖，在盤中與命宮的「對待關係」如何？

論「親密伴侶」時，通常彼此尚未有婚約，但彼此間感情已十分濃密，除了感情以外，也對彼此產生了權力與義務的延伸，以現代的感情速食模式而言，此現象頗為普遍，甚至以「試婚」為之，達此階段者，亦可視為入「夫妻宮」！

論「陰陽合（我）」時，就是以命宮為「陽命（我）」、夫妻宮則為「陰命（我）」，也就是「命宮」與「夫妻宮」皆同論「命宮（我）」！此時的「命宮」所指，就是具有身體與思想的「實體」，也就是一般人所能看到、感覺得到的「我」！而「夫妻宮」所代表的「陰我」，就是潛藏在內心深處的「我」！這個「陰我」，往往連命宮本身也難以了解，難以掌控！老饕姑且將其稱為「靈魂」吧！而往往居於此宮的「枕邊人」，反而比命宮之人更能察覺此命宮的陰面！

4. 子女宮：子女，子嗣，小孩，員工，學生，部屬，下線，情人，學習，受教，增加，再生，延續，生產，性事，投資，感情……

論「子女」時，表示命宮對其子女的感受、對待……等，非指特定的某個小孩而言！就廣義來說，也適用於員工、學生、部屬、下線、客戶……等，比自己低下的層級，當然也是非專指某位特定對象！若要論某特定對象則必須加入「個人專屬條件」，方能區別出彼此的對待關係。

論「感情」時，因此宮為「疾厄宮的福德位」！簡單的說就是「心靈上的享受位」，也就是「心理所喜歡的人、事、地、物……」，廣義的感情，包括了親情、友情、愛情、同袍之情……等等皆是，而非專指「愛情」而已！若以狹隘的感情而言，通常就是指「愛情」了！也就是命造心理所喜歡、所愛的人！但未必會與對方建立起對彼此的權利與義務！就如同傾慕某位電影明星或某位校花，頂多稍有互動，而不至於互訂終身！於此階段，也僅止於「談戀愛」而已，並未進入「夫妻宮」的門檻！俗話說：結婚（夫妻），是戀愛（子女）的墳墓！就說明戀愛與婚姻是分屬不同的層次與宮位！

論「學習」時，因為此宮有延伸、延展的宮性，所以必須藉由學習，能力才能不斷延展與延伸，所以子女宮也代表命宮的學習能力及條件的好壞！

論「投資」時，是指命宮只提供資金，而不參與實質的運作與操控！此宮性其實是藉由「財帛宮的父母位（轉宮）」而來的！所求者，只有投資後的獲利而已！而宮中主、副星所主的星性，就是投資時該具備的條件或現象。

5. 財帛宮：動財（產），活動現金，利益，價值，價值觀……

論「動財」時，此處的動財，是指平常可自由進出的小額資金，當然此「小額資金」量的多寡，因人而異，切勿一蓋量化！同時，此宮所指，非單指「進財」而言，也可解釋「財出」的現象，所以此宮若逢化祿（感覺不錯），有可能進財！也可能花錢（財出）花得很愉快哦！相同道理，當財帛宮逢化忌時（艱辛、難過），有可能賺錢時所付出的努力與報酬不成比例，甚至損財！但也有可能雖辛苦（化忌）而大賺，甚至為了賺錢而賠上其他條件或資源（忌象）！若又逢化祿（因）入疾厄宮者，則更要注意身體的健康！當知，賺錢有數、身體要顧！

論「價值觀」時，此宮所呈現的宮象，可詮釋命宮的「價值觀」！而宮中的主、副星所主，就是命宮所在乎，或認為極具價值性的事項而言，這是屬於命造的主觀意識，因人而異！

6. 疾厄宮：疾病，體質，內部，內在，心思，瑕疵，心情……

論「身體」時，此宮可看出命宮的身體先天體質、容易產生的身體疾病、較弱的臟器為何？了解後，方能採取預防措施，以減少誘發的機率，倒不一定在健康上一定會出問題？

論「心思」，此宮可顯示命宮的內心世界，思考模式、心靈上的感受！而此宮為「隱」的宮位，所以不易被他人察覺。

而在大限行運中，此宮屬於第六或第七大限，年齡約莫在六、七十歲之間，就一般壽元來說也接近尾聲！身體各器官功能也已老化，所以該大限應更注意身體的保健與養生！

7. 遷移宮：方向，表現，外在，提升，移動，升遷……

就「方向、表現」而言，即指出門在外容易遭遇的現象，而此宮性所指的「方向」，未必是當宮所在的「方位」，而是指離開「出生地」的遠方，或是距離當下處所很遠的地方、甚至國度！通常，若「遷移宮」的星性組合比命宮來得強，就表示此人適合外出發展，且「距離」與「能力」成正比！能力越強，則飛得越高、越遠哦！

但！切勿本末倒置，必須先「提升自己的能力」達到一定的標準後，再逐步邁開步伐走向遠方的目標！若命造自我能耐尚未成熟，即盲目的投向遠方，則往往還未站穩腳步，就已倒下！想要再自我提升，早已心有餘而力不足。一旦想要東山再起，恐怕已傷痕累累了！

論「提升、升遷」時，因為此宮為「命宮」的「外在表現宮位」，既然重表現，當然要有一定的水準！所以此宮所顯示的星性，就是命宮所要藉以展現能力的的方式，故若應用在職場上，這外在表現的優劣，當然影響升遷至鉅！此宮也是「升遷宮位」！應好好認知此宮該如何自我提升！

8. 交友宮：朋友，人脈，往來，交流，交易，交換，轉換，買賣，壽元，輪迴，災劫，眾生……

論「朋友、人脈」時，表示命宮容易有宮中的主、副星的星性所呈現的朋友，而此宮所指的只是「一般的朋友」而已，狹義的「交友宮」，是指一般互動較少，或因故而勉強聯繫者，如：工作上的同事，雖然天天在一起工作，但下了班之後，卻很少有往來聯繫者，此入「交友宮」。若相同狀況，但下了班之後，還會時常私下聯繫、經常往來者，此則入「兄弟宮」。就廣義的

「交友宮」，即指一般的「眾生」！緣淺的點頭之交，甚至有血緣的遠親、近鄰，若甚少互動，沒能交心，就屬一般「眾生」！也只能入交友宮而已。

「轉換」的宮性，通常不會單獨運用，一般會藉由疊宮、暗合、四化來連接另一個宮職，已達到轉換的目的。如：疊「財帛宮」，則可論錢財利益的改變、變動！

論「災劫」時，不論是祿、權、科、忌！四化全都是災劫的「應期」！只是災劫的嚴重程度感受不一樣而已，當然最嚴重的「災劫」，莫過於「死亡」！因為死亡是最大的損失！故此宮有時也與「壽元」有關！

9. 官祿宮：事業，工作，行為模式，運作，經營，控制，氣數位……

論「行為」，可藉由此宮了解命宮的行事作為及行為模式，也是命宮的動能宮位，行為處事是否積極進取？還是慵懶怠惰？由宮中的主、副星即可了解一二。

論「工作事業」，此宮主星所表的行業屬性，是最適合命宮的處事行為及態度，所以能夠駕輕就熟、輕易上手！但卻不一定能因此而得利（賺錢）？故選擇工作、行業，並不一定非看官祿宮不可哦！

論「氣數位」時，此宮為命宮的動力與能量宮位！若此宮完全喪失「動力與能量」，則如同死亡、氣數已盡！將無任何作為。

10. **田宅宮：家，組織，團體，企業體，社團，不動產，資產，財庫位，歸屬，累積，儲藏，總合……**

論「家、組織、團體」，可藉由此宮了解命宮的家庭觀念、家庭狀況，及在團體中的應對模式。甚至也可以此宮論「陽宅」，藉以了解所居住的環境狀況？及對命宮有何影響？

論「資產、財庫位」時，因此宮有「累積、聚集」的特性，所以最佳的選項當然是「財利」囉！可看出命宮的資產狀況及財庫的本質是否有缺陷。若逢文星，也可釋為學、經歷的累積。

11. **福德宮：福報，前世因，緣分，享受宮，壓力宮，自殺宮，精神面、內心深處，理想，嗜好，祖先，祖蔭……**

「精神面」，此宮掌控著命宮的精神狀態，所以既是享受宮，同時也是自殺宮、壓力宮位！是潛藏在內心深處的意識，因為福德宮是疾厄宮的疾厄位。「疾厄宮」若談心裡所喜歡的人，可能因為相貌、表現、內涵……等等具體的事實，而喜歡對方！但「福德宮」若談喜歡一個人，往往沒有具體的因素，也說不上來原因？就是「喜歡」！如此而已！

論「福報」，也是「陰德」宮位，此宮說明了命宮此生帶來怎樣的福報、要如何累積福報，而福報（陰德）的多寡往往顯示在「陽財」上，倒不一定非常有錢，但總是「不缺」！總能碰上及時雨而解厄！

福德宮……掌管精神層面的「小太極」，可論命造的精神狀態、興趣、嗜好、祖上、陰德、緣分……是享受位也是自殺宮位。

當福德宮磁場差（忌、沖）的時候：

（1）應注意是否有家族遺傳性疾病，須格外小心，因疾厄宮

的疾厄位,為福德宮。

（2）主精神壓力大,若坐宮星性較為剛烈,易造成憂鬱症、精神分裂,甚至會有自殺傾向,不得不防。

（3）當四化入福德宮時,表與祖上、陰德可能有關,依所四化出的宮性與星性而定。

（4）夫妻宮的氣數位,故可論婚姻的經營狀況,是否容易離婚。

（5）陽財與陰德互為表裡,所以財帛、福德為同一線,陰德的厚薄往往表現在財帛宮上,有福報的人是不缺財的人,但不一定財多。

12. 父母宮:**父母,長輩,前輩,老大,主管,上司,老闆,公司,上游,政府,源頭,起源,開始,開創,資源,承先啟後,教化,傳授,貴人,老師,憑證,文書,契約,相貌,情緒,提供……**

論「父母」時,乃是指「命宮眼中」所感受到父母的個性特質,但未必真是父母親真實的個性特質哦?所以論命時,命理師就此父母宮的個性特質闡述其父母時,命宮之人定能接受!但若有其兄弟姊妹同行時,則未必能接受?問題就在於,命宮的兄弟姊妹之命盤中的父母宮未必相同?既然父母宮不同,雖然面對相同的雙親,當然也會有不一樣的感受!

論「文書、文憑、證照」時,可搭配星性來判定此文書的屬性?而文憑、證照的取用,乃是因為父母宮是「疾厄宮(本身)」的「遷移位(外在表現)」,也就是說父母宮可證明自己本身能力的憑證!藉此可窺命宮所需的文憑、證照需到何種程度?才能達到理想的「位階」!

「身宮」與「命宮」的關係

　　紫微斗數的排盤中，定「命」、「身」宮皆取「生月」與「生時」排定之！

　　方法為：

　　<1> 寅宮（後天斗君）起正月，順數「生月」所落之宮起「子時」。

　　<2> 以「子時」為起始，順數「生時」安「身宮」。逆數「生時」安「命宮」。

　　由以上可知，定「命」、「身」宮的形成原理是一樣的，起算點都是從「後天斗君位（寅宮人位）」開始！差別在於順、逆排法不同！猶如一太極中的兩儀，其重要性是可想而知的！故論命時，不可忽略「身宮」的影響力！實則「命宮（先天逆）」與「身宮（後天順）」同等重要！論命時不能不察！

　　「命宮」可論「先天個性、本質」，此乃屬命造「陰隱的特質」！故「逆數生時」取「命宮」。……而「身宮」可論命造的「後天行為、處事態度」，此乃屬命造較「陽顯的作為」！故「順數生時」取「身宮」。所以論命時必須同時將「身宮」的影響列入考量！

　　根據排盤法則，「身宮」必與「1命宮、3夫妻、5財帛、7遷移、9官祿、11福德」等，其中一宮同宮！所代表的意義當然不同！表示此命造在行運當中，特別在意與考量的宮位，也可藉由此宮了解命造行為模式的「引動力」為何？而非一般認為「身宮」只是後半生（中、老年）的命宮而已！

「身宮」！可看出此盤此生該如何努力？往何處去？也就是前半生該努力的目標及方向！而此前半生的努力，就是在為後半生奠定安樂天年的基礎！所以「老運」的好壞？就看前半生能否走對方向？而「身宮」就如命盤的「指南針」一樣，指引著命造光明前途的運作方向！

肆

基本星性的解讀與延伸

十四顆主星基本星性解析

紫微星

（1）己土：中天帝座。

（2）代表人物：周文王之子伯邑考。

（3）化氣曰「尊」、「卑」：為老闆、領袖、主導、掌控、卑微、底層、低下、受控制。

（4）官祿主：主管型、龍頭、精神領袖、獨立作業。

（5）世襲：受安排、承襲衣缽、遺傳、傳承。所入之宮易受安排與支配，但若出眾時，則反喜居於主導、安排的地位。

（6）珍貴，高大，尊貴，稀有，師字輩，高級主管，老闆，主控者，頭部，脾，主導，孤高，曲高和寡，耳根軟。

（7）能解厄制煞，掌生死，制火鈴，化殺為權。

（8）男盤入福德：有理想，也重享受，易流於不切實際。

女盤入福德：以夫為貴，福為夫之官。

（9）紫微帶陰煞時，若卡陰、卡煞則收驚無效。

（10）紫微對上：易受肯定，能獨當一面。

紫微對下：要求，期許，壓力加大。

紫微坐命的人

……別太高興了！對於剛接觸紫微斗數的朋友來說，總認為紫微這顆「皇帝星」入了命宮，就像黃袍加身一樣，跩了起來，眾卿皆聽寡人言，唯我獨尊，寡人說了算。

　　可是！一旦仔細剖析「紫微星」之後，方才了解並非全然如此順意。

　　首先將紫微星分解為「紫」、「微」。當「紫」解時，化氣曰「尊」，所謂「紅得發紫」！即表極受肯定，位高權重，猶如皇帝般。相反，當「微」解時，化氣曰「卑」，卑微、微不足道、屈居眾人之下，毫無立足之地。故紫微正是「皇帝」與「乞丐」的化身，至於是皇帝呢？還是乞丐？當然就得看自己的本領了。

　　「紫微星」既然可以是領袖星，那就得具有領導統御的能力，此能力的展現，全看其財（才）帛宮武曲的領導能力、及官祿宮廉貞的統御技巧，成者為王、敗者為寇，所以紫微的壓力之大，是不可輕忽的，希望各位紫微坐命的人，都能成王、成后。

紫微星入十二宮

命：受安排，有氣質，自我意識高，耳根軟，曲高和寡，喜掌權……

兄：兄弟中有成就者，易受親近之人所左右，為他人作嫁……

夫：配偶顯貴，有氣質，易受配偶支配，配偶自視甚高……

子：子女不多，優秀，有領導能力，為子女勞心勞力……

財：財來財去，凡事較重價值面，遺產（動財）……

疾：頭，脾胃，及富貴之症，罕見之病，內心自恃甚高，易得遺傳性疾病……

遷：出外易得貴人助，升遷機會多，表現亮眼易受肯定，有領導能力，有貴氣……

友：朋友多為有成就者或老闆，為他人作嫁，做事易朝令夕
　　改，人際關係佳……

官：事業心重、積極、果決、老闆格，工作能力強，受肯
　　定……

田：遺產（不動產），家庭觀念重，以大局為重，注重住家
　　的品質，不易聚財……

福：注重精神生活，得先人之福蔭，熱心公益，主觀意識
　　重……

父：易受父母影響，父母管教嚴苛，情緒易波動，凡事易重
　　來……

天機星

（1）乙木：成長、生長、延伸，主思考，手腳頭腦，神經系統，思緒。

（2）代表人物：姜子牙。

（3）化氣曰「善」、「惡」：同「散、擅」，善心、智慧、機敏、惻隱之心、佈施、擅長、神經大條、投機取巧、設計。

（4）兄弟主：你兄我弟，以眾生為主。入兄弟宮則與兄弟較無緣。

（5）軸星：主「動」，為齒輪，做工（原地轉，有生產），驛馬，機車，機動，機械，機會，手腳。

（6）益算星：足智多謀，設計，動腦筋，智慧，賭博，分析，企劃。

（7）動星：a. 頭腦：主思考，設計，企劃；b. 手腳：技術，手藝，奔波。

（8）化忌：卡住、失控。

（9）佈施星：取之眾生，用之眾生，不施也要失。

（10）佈施：財施、法施、體施。

（11）腦神經、四肢、神經系統。

（12）天機，陰煞，化忌時：詛咒、符咒。

（13）天機的「得」是來自於「捨」。山不轉路轉（解），生機，轉機，不適合當老闆，是最佳的幕僚長。

（14）修行星：精神面之修行，適五術、玄學、宗教學的鑽研。

（15）宗教星：與神佛有緣，宜有宗教信仰。

「天機星」為兄弟主，表所入之宮以眾生為主，故有「為人作嫁」之意，所以命造應有「捨」的胸懷，才不會有不甘願、懊惱、力不從心的感覺！畢竟化氣曰「善」，既曰善，就要懂得「捨」、「佈施」，不求回報！若不甘心！那麼！老天也會幫你捨！此時「捨多少」？就不是我們所能控制、決定的囉！故天機者：須有「取之眾生、用之眾生」的胸懷！方能運勢順遂！

天機者，也化「惡」！因聰明、機智、善於設計！一旦耍起心機來，就成了「天下第一大惡星」，為智慧型的罪犯，最難搞的人物！故也化「惡」！

天機也有化「擅」的特質！也就是 擅長、專精！天機主頭腦、手、腳、神經系統！故擅長思考、設計、手藝、技藝……等，若能善用亦能有所作為！若入官祿宮，則表在職場尚須有專精的專業技能或學識！

除此也化「散」！天機者因「善心」，不與之計較時，自然顯現無關緊要，心不在焉！凡事不放心上，自然給人「散形、散形」的感覺！所以若非重要事件倒也無妨！

綜合以上，天機有「善」、「擅」、「散」的特質！所入何宮？該取何種「星性」？就是命造該思考與運作的方向！如：入「財宮」時，取「化善」適時的回饋眾生，眾生必也會有所反饋！取「化擅」時，則可依自己的「專長」賺取應得的財利！但若取「化散」！則財務管理必定雜亂無章、錯誤百出，那可是令人頭痛的大問題呀！少個零或多個零都很傷腦筋的！

天機星入十二宮

命：聰明，智慧，心地善良，愛心，神經大條，談吐斯文……

兄：為兄弟著想，兄弟中有聰慧者，喜助人，有神佛緣……

夫：配偶神經質，聰明，愛心，宜有宗教信仰，樂善好施……

子：聰明，活潑，好動，心地善良，不宜投資，理工科佳……

財：好佈施，可得與宗教有關之財，與兄弟有通財之義，可賺與機械、設計有關之財……

疾：心腸軟，心思縝密，肝膽，神經系統，四肢須注意……

遷：好動，性急，喜變動，是多變的型態……

友：朋友中有專才者，朋友的流動性大……

官：擅規劃，設計，可從事變動性大的工作，靠腦力，或手腳的工作……

田：常搬家，或居無定所，家中擺設常變動，不易聚財……

福：求知慾高，適合參加宗教活動，心地善良，宜修行……

父：情緒起伏不定，父母聰明，心地善良，樂善好施，與父母情同手足猶如同輩……

太陽星

(1) 丙火：熱情，電源，動力，能源，博愛，光明。

(2) 代表人物：紂王之忠臣比干。

(3) 化氣曰「貴」、「賤」：重名，貴氣，愛面子，爭輝，要手段。

(4) 官祿主：外交型，奔波，業務型，勞碌，人脈廣，擅交際，親和力夠，不拘小節，好勝，熱心公益，好動。

(5) 主權貴：重事業，先有名後有利。

(6) 主男性：指父、丈夫、兒子、兄弟、男性。

(7) 驛馬星：為定點式、機動性的奔波。

(8) 主眼睛，高血壓，肝火旺。

(9) 博愛星；天機為其福德，談捨，付出，愛現。

(10) 奪夫權（女命），大男人主義，海派，重面子，外交手腕佳，親和力夠，能言善道，熱情奔放，博愛，為人「阿莎力」，樂善好施，工作能力強。

(10) 重名：a. 文人：文采，文章，功名；b. 武人：活潑好動，廣結善緣。

(11) 失輝時，須奔波離祖，戶口遷出即可。

澤披大地的⋯⋯太陽星

太陽——化氣曰「貴」，主名、明顯，行事光明磊落，重名聲，也重名牌，所以愛面子，易打腫臉充胖子，搶著付帳的人就是他，為的只是想要彰顯自己的「能耐」！所以常常「贏了面子，卻輸了裡子」。就算沒銀子，也要想盡辦法充場子，常開著名貴轎車去借錢的人就是「他」！

　　為業務型的「官祿主」，外交手腕極佳，積極外向，口才一流，讓人感受到太陽的熱誠，是很好的外交人才、業務高手！因主「名」，故所使用的「名片」設計不可馬虎哦！

　　太陽也是「博愛星」，燃燒自己照亮別人，對人皆一視同仁，充滿惻隱之心，遇不平也會強出頭。但因為親疏不分，易成為別人眼中的「爛好人」！所以也易造成親者吃味而不自知！尤其夫妻間，則問題更嚴重！故份際的拿捏是太陽的功課之一！

　　驛馬星，為「定點式」的驛馬型態！就像日出而作、日落而息一樣，有其固定的模式，故引申為業務型的官祿主時，定期拜訪客戶是不可忽略的關鍵動作！

　　太陽首重亮度，從寅～申為「得位」，酉～丑為「反背」，命盤中太陽居得位者，表太陽的星性較能充分發揮，但不一定是「吉象」？反之，當太陽落陷時！也無須驚慌！只是太陽星性的發揮，須比得位者付出更多的努力與耐力而已，未必是「凶象」！所以「勤能補拙」也能造就太陽的成就！

　　除此，太陽所入的「地支宮位」，亦能看出命造的體能狀況！猶如身體的「蓄電池」一樣！……如「得位」者，其體能恢復狀況較佳，只要稍做補充即可完全恢復體力，充滿電力！所以生活作息較為正常！反之，居「反背」者，體能雖不一定差，但只要洩了氣、沒了電！往往就需要很長的「充電時間」，甚至還充不飽？所以遇到假期，往往是睡到自然醒的一群（過午不起）。

　　當然太陽因為愛面子，所以與人搶不過時，會惱羞成怒，也會耍「賤招」，故也化「賤」，為達目的不擇手段，所以有時也是披著羊皮的一匹狼哦！

太陽星入十二宮

命：率直，好爭名，個性強，博愛，積極，外交手腕好，活潑，外向，喜結交朋友，事業心重，愛現……

兄：照顧兄弟姊妹，有成就高之兄弟，待人光明磊落……

夫：（男盤）配偶有男人氣概及心志，活潑熱情……
　　（女盤）配偶大男人主義，好爭勝，好客，重事業，講義氣，重名聲……

子：子女外向，有活力，有愛心，注意流產，子女多……

財：散財，樂善好施（為名），助人為樂，正財，非不義之財……

疾：主眼睛，高血壓，腦溢血，大腸枯燥，肝火旺……

遷：出外得貴人助，為外出格，在外比在家更有發揮空間……

友：廣結善緣，朋友多，擅交際，好客……

官：工作受肯定，從事外交性質為佳或驛馬性質的工作，不喜一成不變的工作……

田：喜家中熱鬧，人氣旺，可望家庭的溫暖，不易聚財，財庫易曝光……

福：有貴人助，積極，愛心，愛好和平，博愛，女命易得貴夫……

父：父母名聲佳，父掌權，博愛，愛現，行為磊落，擅交際……

武曲星

（1）庚金：正財星，取之有道，正當工作，有行情。

（2）代表人物：周武王。

（3）化氣曰「財」、「損」：守財，量入為出，預算，樽節開銷。

（4）財帛主：動財，財來財去，不一定入庫，但節流有一套。

（5）修道星：主「氣」，肺氣，守氣，氣弱則運差，宜打坐，練吐納。

（6）化忌曰寡宿，孤單，孤剋，六親緣薄，守得辛苦。財守不住。

（7）將星：為守將，帶刀侍衛，冷，硬，帶血光。

（8）壯碩，性剛，無毒，做事乾脆，明確，能幹，單純，重信重義。

（9）肥胖症，水腫，疝氣，風濕，肺，氣管。

（10）解孤寡：a. 修身、心，宜尊重，貧賤夫妻百世哀；b.嫁軍警，五金，金屬，金融。

（11）武曲忌在遷移時，注意交通違規受罰。

（12）武曲、文曲，雙曲同宮，帶刀時麻煩大。

（13）執行星：親力親為，不假手他人，爭理，據理力爭（自認之理）。

得理不饒人的……武曲星

　　武曲，化氣曰「財」／「損」，為「正財星」，正所為「君子愛財，取之有道」！ 武曲永為紫微的財務大臣，所以財進、財

出都歸武曲掌控，故此星量入為出、為預算星、節流有一套，不該花的一毛不拔，而該花的再多也不手軟！

重「行情」！武曲坐命者，非常重視自己的「身價」！此身價可以「財」或「才」來衡量！如：擁有多少資源、資產（財產）？或具有多大的能耐（才能）？以一般世俗的角度就可以來衡量！所以也可引申為「定價」、「不二價」等，是有固定行情的星！擁有多少能力、付出多少代價？就領多少報酬？

也因重「理」，凡事「講理」不講情面，但，所重的「理」，為自我所認定的理，故難免造成「公說公有理、婆說婆有理」的情況！故於六親中易與人寡合，不親、有孤剋的感覺！所以古先賢又稱「孤剋星」！今人既已知造成孤剋的原由！當可盡量避免！

武曲為「庚金」，為「守將」，猶如「帶刀侍衛」，又冷又硬，帶血光，有戰力但不主動出擊！於軍警以「守」為主，故為「守將」！因為是「財星」！暗合太陰！所以易因「財利」而引起糾紛！故不宜與人有金錢上的往來！就算是親兄弟，也要明算帳！否則賠錢事小，傷了彼此的兄弟情可是茲事體大！

武曲於遷移化忌時！其官祿位必為紫微化權！宜注意自己因交通違規而受罰！

武曲亦為「執行星」，凡事親力親為，不假手他人且據理力爭，永不妥協！若入婚姻宮位！則往往夫、妻「過於」講理！而喪失了對彼此的情愫！沒了感情的夫妻！剩下的也只有每天「故定的課表」，除了照表操課以外，就是各自獨立的空間了（難怪為孤剋星）！

PS：

天府：理財的能力

太陰：存財的意志

武曲：守財的行動

貪狼：重「情」

武曲：重「理」

七殺：重「法」

武曲星入十二宮：

命：剛毅，武勇，重義氣，執行力強，勞碌，喜爭，守財佳，做事不圓滑……

兄：兄弟間好爭鬥，不講情面，重實際，一板一眼……

夫：配偶剛烈，獨斷獨行，擅守財，好爭，固執……

子：好強，好爭，好辯，好動，不喜交友……

財：精打細算，守財有一套，殺價一流，勢利……

疾：肺經，氣管，刀傷，氣功，適合練氣功……

遷：好爭名奪利，身體力行，可藉金飾提高身價，勞碌，親力親為……

友：朋友少，重利害，現實，朋友變動大……

官：適合與金錢有關的行業，軍警，五金亦可，有高效率的執行力……

田：可得祖產，也會爭產，家中充滿現實而缺乏溫暖，不安寧，過於重理而不重情……

福：致力於實現自己的理想，縱慾，佈施……

父：父母剛直，重財，重價值，以身做則，身體力行，愛面子，節儉……

天同星

（1）壬水：活水，流動性佳，人緣好，可飲用之水。

（2）代表人物：周文王。

（3）化氣曰「福」、「禍」：重享受，衣食無虞，福報，為益算保生之星。

（4）福德主：掌管福禍總結，是福也是禍。

（5）主協調：中間人，社交星，和事佬，調解，配合，同理心。

（6）小孩星：部屬，下線，下層，赤子之星，愛玩，思想天真，童心未泯，說話不算數，信口開河。

（7）受教星：學習星，活到老學到老，多學少精。

（8）合夥星：共同擁有，互相搭配，配合，欠果斷。

（9）懶人星：能坐絕不站，喜新鮮、刺激的事物，凶星反可激發天同，消除惰性。

（10）小吃，冷飲，飲食店，與小孩有關的行業，可飲用的水。

天同：小吃，零嘴、點心、路邊攤，小店面、冷飲店。

天相：餐館，餐廳。

天府：大飯店，渡假村，酒店。

天同的福氣在哪裡？

「天同」——福德主！化氣曰「福」／「禍」！一般來說，天同坐命者，有福氣，有口福，凡事多配合，善協調，在人際關係上頗受好評！因天同人總是能把你當成「同一國」的夥伴！處處與你配合！保持一顆赤子之心！讓人對他完全失去防衛心！

　　但在學習上「多學少精」，總是很難深入研究，是天同的致命傷！此與天生的「惰性」也有關！因天生好福氣！若正好又出生在富裕的家庭，則更容易養成「茶來伸手、飯來張口」的懶惰習性！在學習上，天同人就像小孩子般對於有興趣的事物，總想嘗試新奇的滋味！因為「暗合」貪狼之故，所以喜歡新奇、新鮮、刺激的新事物！一旦假以時日，失去興致時，則往往拋諸腦後，懶得理睬！這就是天同人「多學少精」的原因！

　　所以，對於天同坐命的小孩，父母親一旦發現小孩的「興趣」出現時！可以多方引導小孩往此興趣發展，且必須多提供相關最新的資訊、訊息，以提高小孩的興致！如此不斷在驚奇中學習（暗合貪狼），必能專精！學習成果才能展現！

　　天同為小孩星、赤子之心！如小孩般愛玩、思想天真、童心未泯，但也會說話不算數，像小孩子一樣耍賴！而天同亦為「學習星」！所以天同入哪宮？那宮就像小孩般必須終生學習！活到老學到老！

　　天同之人，能躺決不坐、能坐決不站、能站決不走、能走決不跑！足見天同的「懶」！若能改變心態，積極進取，發揮其官祿宮天機星的特質「化權（善）」，則天同者亦能有不錯的成就！但若處處杯葛、無心配合，則化氣曰「禍」！事事找碴，處處為難，凡事以自我為中心，則此時的天同就將被「福禍總結」！將平時所累積的人脈、人氣、陰德、福報經過計算之後，所呈現的吉、凶、禍、福，就是反映出福禍總結的「結果」。天同祿來自其「子女位」廉貞忌的「辛苦經營」！也就是說：「好福氣來自於寬廣的心胸」。廉貞忌控制得當，才不致嚴重沖擊天同的田宅位（福庫）！

就「四化」而言！天同若化祿，則天同的「官祿位」必為天機化權！其「子女位」必為廉貞化忌！且忌沖天同的「田宅位（福庫）」！此說明天同的「福報」，取決於「官祿位」天機如何化善？及如何辛苦延續及推展此善舉？若運作失當！則忌沖福德主（天同）之田宅！那可就「有損陰德」囉！

天同星入十二宮

命：口福，不積極。福態，溫順，多學少精，樂天派，擅協調，孩子氣，愛玩，人緣好，善解人意……

兄：與人相處和睦，溝通良好，喜做和事佬，處事圓融，善解人意……

夫：配偶個性溫和，易與人溝通，小孩子氣，喜與人搭配，不甘寂寞……

子：天真，乖巧，稚氣，愛玩，懶惰不積極，喜團體活動，愛吃零嘴……

財：衣食不缺，不重財，與大家分享……

疾：肥胖，膀胱，飲食不正常，泌尿系統，排泄系統，水份的調節……

遷：外食機會多，口福佳，出外人緣好，遊縣吃縣，遊府吃府……

友：人際關係良好，喜歡參加聚會，與朋友相處融洽……

官：做事不積極，得過且過，適合與吃、喝、玩、樂、協調、小孩……等有關的行業。

田：承襲祖業，家庭和諧，喜與人分享……

福：福厚，衣食無虞，善解人意，擅協調，愛享受，和事佬……

父：父母福壽雙全，和藹可親，以和為貴，不爭，老好
　　人⋯⋯

廉貞星

（1）乙木：成長，教育，思想，精神。

　　　戊土：資源，走四方。

　　　丁火：電源，電子，心火。

（2）代表人物：紂王的大奸臣費仲。

（3）化氣曰「囚」、「放」：易受限制，放不開，佔有慾強，擅組織，牽連，連坐。

（4）官祿主：行政型，辦公人員，辦事員，電腦處理，與電有關之行業，文書處理。

（5）雜星：亦正亦邪，可為軍警，亦可為黑道，幫派，組織。

（6）皮膚不好時運差，易有黑色素沉澱，皮膚敏感，又主心臟，腫瘤，癌症，子宮，大病死不了，小病好不了。

（7）化忌曰「殺」：和官司有關，五鬼煞，受制，訴訟。

（8）驚嚇星：易受驚嚇，自己嚇自己，歇斯底裡，胡思亂想，杯弓蛇影。

（9）次桃花：於六親方可論桃花，易單相思，暗戀，初期不敢表態，從一而終，真正的戀愛「大約在冬季」。

（10）天機、天相、祿存，可解廉貞之惡，當下要能放下，跳脫現況。

（11）賭性堅強，對數字有概念，組織能力強，擅電子類，網路。

（12）廉貞：a. 單純：保守之人，清心寡慾，封閉自己，思想古板；b. 複雜：i. 單純：出淤泥而不染、ii. 複雜：隨波逐流，近朱者赤，近墨者黑。

（13）牽連：所入之六親宮，易因故而受牽連，遭受池魚之
　　　殃！

亦正亦邪的……廉貞

「廉貞」者，化氣曰「囚」，取「貞」之意，表忠誠、珍
貴、珍惜、怕失去……。因珍惜，過度保護而「作繭自縛」，
故曰「囚」！……化氣曰「放」時，取「廉」之意，表廉價、便
宜、不在乎、不珍惜、不重要……因不珍惜，所以一旦豁出去，
在所不惜。故廉貞亦正亦邪，是警察也是強盜，有時怕得要命，
有時卻可以不要命！

廉貞坐命者有二

（1）廉者：凡事隨便、不重視、不在乎，所以不修邊幅，衣
　　　著隨性，行坐歪斜，住所雜亂無章，猶如垃圾場。
（2）貞者：事事求是、一絲不苟、處處小心謹慎，心思縝
　　　密、面面俱到，仟處雜 而不亂，整理得井然有序。兩
　　　者有天壤之別。

廉貞為「官祿主」，為行政型、辦公人員、與文書有關者，
故以「內勤」為主。化「忌」時，主文書處理雜亂無章，或難以
處理歸類。若與天府連結，則可視為「電腦、網路」！或自動化
設備！

入命、疾時，若皮膚不好！則運就差！易有黑色素沉澱，皮
膚敏感。又主心臟、子宮、腫瘤、癌症……等，大病死不了、小
病好不了，總斷不了根！

廉貞亦為「驚嚇星」！易受驚嚇，歇斯底里、有時卻只是自
己嚇自己，胡思亂想造成杯弓蛇影。除此，亦為「五鬼星」！當

被「引動」時！亦有卡陰、卡煞的問題產生！體質較敏感者尤其要特別當心！天機、天相、祿存的星性，可解廉貞之惡！

（1）天機：化「善」，運用智慧、善解人意之心，化解廉貞封閉難以突破心靈的瓶頸。

（2）天相：對宮必為破軍！天相重表象，所以裡子可能為「垃圾」也說不定？在此就是取「轉念」的觀念！轉個彎問題（凶）自然而解！

（3）祿存：務實、重實際、藉由現實的生活需求！將廉貞引導出執著於某個點的迷宮中！

賭性堅強，對數字有概念，組織能力強，擅電子類、網路！所以「賭神」非他莫屬！

廉貞星入十二宮

命：個性放不開，凡事複雜化，鑽牛角尖，牽拖，固執，端莊，清秀，膽小……

兄：與人互動不佳，不易與人交心，易劃地自限，兄弟間問題較多……

夫：配偶不易讓人親近，一旦交心，則往往掏心掏肺，心思細膩，鑽牛角尖，固執，牽拖，嘮叨……

子：個性強，具破壞性，叛逆性，不易接受別人的意見，桃花屬「大約在冬季」，初期屬單戀，表白時早已煎熬多時……

財：財源廣進，財的往來複雜，不單純，賭博……

疾：心臟，皮膚，性病，腫瘤，癌症，卵巢，子宮及各種疑難雜症，小病醫不好，大病死不了……

遷：表現拘謹，正經八百，綁手綁腳，耍狠……

友：人際關係複雜，亦正亦邪，義氣，朋友群不相交⋯⋯

官：公職，電子，變動性大，不呆板的工作，大小事皆一手
　　包辦⋯⋯

田：家庭問題不斷，家庭觀念重，環境雜亂，受環境牽
　　制⋯⋯

福：思想上易劃地自限，富想像力，易受驚嚇，重精神生
　　活，墳墓，墓碑⋯⋯

父：個性難捉摸，牽拖，不易相處，鑽牛角尖，疑神疑
　　鬼⋯⋯

天府星

（1）戊土：厚重，資源，孕育，表四方，沒有腰身，主胃。

（2）代表人物：姜皇后。

（3）化氣曰「號令」、「受令」：總管，概括承受，統一，
指揮，分配，掌控。

（4）財帛主：擁有資源，人力，物力，動財之掌控度。
田宅主：資產，組織架構，總管。

（5）才藝星：多學多能，才高方可掌令，否則受令。

（6）衣食星：衣食不缺，適服飾，餐飲，不退流行之行業。

（7）大處著眼，小處琢磨，用人不疑，疑人不用。

（8）身材與能力成正比，有傲骨，能掌控，方可顯現才能。

（9）解厄星：在疾厄時病痛少，主脾、胃。

（10）令：a. 號令：有能力，掌權，為總指揮，總管。
　　　　b. 受令：無能力，無權，一切聽命於人。

天府……多才多藝的大總管

（1）天府：戊土，為陽土！化氣曰「令」：為「號令」、掌
控之意，為領袖星、總管星，因多才多能，掌管所有的
「資源」，有效的運作，發揮其最大的效能，如此才
能服眾！然在「紫微斗數」基本星性中！「天府」與
「紫微」皆為領袖星！「紫微星」為己土、為陰土！是
「精神領袖」！無須作為，只須確立方向，自然水到渠
成！……「天府星」則為「行動領袖」！是帶頭衝的領
導者，雖不用親力親為，但臨場指揮倒是不能缺席！所
以，若沒有兩把刷子！是很難控制全局的！

（2）「財帛主」：表天府具有「理財」的能力與才藝，發揮
最大的投資報酬率！但此「財」不一定是自己的。此處
的「財帛主」與「太陰的財帛主」有別！天府的「財
帛主」是指，「理財」的能力與專業。而太陰的「財帛
主」是指「存錢」的意志、財利上斤斤計較。

（3）「田宅主」：表組織、架構！能將人事、資源做最妥
善的規劃與運用，此「田宅主」可表人力、物力、財
力……等各項資源，藉由「令」的掌控，得以完成各項
的使命！所以沒有「資源」的天府，就像「巧婦難為無
米之炊」一樣！是成不了氣候的！當然，此「田宅主」
與 太陰的「田宅主」也不一樣哦！

（4）此外，天府亦化氣曰「受」！為「受令」！概括承受之
意，此乃因能力不足、沒有資源！故無法「掌控」、不
得令，反為「受令者」，所以總是被管，才能受限，無
法發揮。既然無法得令，表天府領袖之位坐不住！……
此時只得走向對宮的七殺！……「七殺」永在天府的對
宮！實乃天府的「傳令兵」！若沒有天府的能耐，那就
好好的當個「傳令兵」吧！隨傳隨到囉！所以天府若想
「得令」掌控全局，就得不斷增加自己的各項才能！否
則就任人擺佈囉！

（5）才藝星：多學多能、樣樣精通，唯有才高方可「得
令」！否則就只有「受令」了！故天府坐命者，首重
「才能」的提升！若做不到！就得淪為「七殺」了！

天府星入十二宮

命：直桶體型，多才多藝，領導能力佳，有份量，總管，控

財有方……

兄：兄弟具有領導能力，有才能，工作能力強，有肚量……

夫：配偶有才華，擅理財，能力強，心胸狹小，控制所有事情……

子：多才多藝，領袖能力，擅投資，控財有方……

財：擅理財，累積財富，開源節流有一套……

疾：胃，頭，腹部之疾……

遷：領導能力強，計較，多才多藝，富競爭力，掌控全局……

友：朋友多為能力佳者，成就好，有地位之人，易為他人作嫁，勞碌……

官：主管格，工作能力好，樣樣精通，適合財經、加工業、餐飲，與食、衣、住、行、育、樂等有關之行業，不退流行的行業……

田：住家環境優，重視家庭生活及環境，易入庫，祖產可守，家庭壓力重……

福：知足，重精神生活，充滿才藝，精神壓力大……

父：父母慈祥，經濟能力好，與子女互動佳，以身作則，有領導能力……

太陰星

（1）癸水：個性不定，柔情似水，外表平靜，而內心澎湃。

（2）代表人物：黃飛虎之妻賈夫人。

（3）化氣曰「富」、「貧」：重私利，涓滴之財，利息錢，會錢，積少成多。

（4）主女人，母親，女兒，妻子。

（5）陰性，陰沉，陰險，不明。

（6）清明，皎潔明亮，清潔，美容，愛乾淨，打掃。

（7）驛馬星：和太陽互為天之儀表，為旅遊星，為定點式之旅遊。

（8）財帛主：重利，凡事斤斤計較，積少成多，累積財富，為涓滴之財。

（9）田宅主：財庫，不動產，以大局為重，重家庭，組織，團體，不喜變動，穩定。

（10）重感覺，重氣氛，重感情，感性，心思細膩，城府深沉，陰險。

（11）婦女病，子宮，卵巢，內分泌，性病，隱疾。

（12）適合與女人有關的行業、房地產、金融、環境清潔……

錙銖必較的……太陰星！

太陰星！癸水，性情不定，柔情似水，外表雖然平靜，但內心卻澎湃！化氣曰「富」、「貧」！重私利，凡事斤斤計較，即使是涓滴之財，也錙銖必較。太陰者不會因為利小而放棄，所以才能積少成多而大富！

「財帛主」：此與天府的「財帛主」有別，太陰因著重私利，故屬於自己的財利，只進不出！「存財的意志」特別堅毅，所以日積月累之下終成「大富」！諸如利息錢、會錢、買菜錢……等小錢都是太陰鎖定的目標！看看菜市場裡婆婆媽媽買菜時，為了三、五毛錢討價還價就可了解！此與天府的「理財方式」有別！

「田宅主」：太陰的「田宅主」，表自己之財庫的累積，來自一點一滴的涓滴之財的斤斤計較，積少成多，方成大庫！亦可指太陰之人重家庭、組織、團體、以大局為重！不喜變動，穩定為主！此星雖重私利，像「鐵公雞」一樣！一毛不拔！……但面對「至親」的「溫情攻勢」與「哀兵手段」時！則往往不忍拒絕，而傾囊相助，終至消耗殆盡所有資產，也在所不惜！由「乙干」的四化即可了解！乙干----使天機化祿、天梁化權、紫微化科、太陰化忌！

太陰亦為「驛馬星」，與太陽互為天之儀表！為「旅遊星」，以「散心」為主的旅遊！且為定點式的旅遊，流年逢之可出國散心哦！破軍則為「任務型」的旅遊，如考察、洽公、外派……等。

為「女人星」，主陰性，為女人、母親、妻子、女兒，若與「天姚」同宮，除了可表「異性桃花」以外，尚可表老婦人、祖母！

太陰星入十二宮

命：細心，陰險，女態，節儉，順從，溫和，重感情，愛乾淨，膽小，重衣著，人緣好，家庭觀念重……

兄：與人互動溫和善妒，疑心病重，重利，斤斤計較，互動
　　多為女性，喜打小報告……

夫：（女盤）丈夫細心，善妒，溫柔，事業心重，計較，陰
　　　　　　險，狡詐，女人緣佳……

　　（男盤）妻子溫柔婉約，古典美人，心細善妒，勤儉持
　　　　　　家，重感情，重精神生活，十足女人味……

子：聰明，溫馴，多才多藝，愛乾淨，節儉，與母親較有
　　緣，愛計較……

財：涓滴之財，擅理財，聚財，置產，互助會，房貸，與女
　　人、房子、清潔等有關之財……

疾：腎，膀胱，卵巢，婦女病，子宮，不可告人之隱疾……

遷：貴人為女性，出國旅遊，有女人緣，出外靠女人為
　　佳……

友：朋友多為女性，朋友重財，三姑六婆，換屋，斤斤計
　　較……

官：行事小心，沉穩，錙銖必較，精打細算，重團體生活，
　　適合與女人有關之行業，清潔，房地產……等行業。

田：置產，重氣氛，私房錢，佈置房間，在家以女人為主，
　　積少成多……

福：心思細膩，陰險狡詐，愛打扮，血拼，有異性緣，膽
　　小，愛在心裡口難開，重情重義……

父：與母親較合，父母勢利，重私利，嘮叨，耳根軟……

貪狼星

（1）甲木：思考，智慧，標準，知性高，求知慾強，理想，
　　　為慾望之神。

（2）癸水：反應佳，肉慾較高，如性、吃、酒、女色。

（3）代表人物：妲己。

（4）化氣曰「桃花（生）」、「絕」：
　　　甲木：桃李滿天下。（招財、才）
　　　癸水：男女關係。（損財）

（5）標準星：為教化之始，心中自有一把尺，標準為自己認
　　　定。

（6）主禍福：標準的高低，與個人好惡有關，成就與否，關
　　　係禍福窮通。

（7）主偏：凡事不喜循規蹈矩，總以自己心中的尺為標準，
　　　跟著感覺走。

（8）隨性：a.不設限，不計較，沒個性，隨緣。
　　　　　　b.設限，凡事計較，為堅持而堅持，貪得無厭。

（9）神仙之宿：理想星，幻想星，喜如神仙般之境界。

（10）化忌時，易評估錯誤，達不到標準，「不求自來」可
　　　解。

（11）感性，導電體，現代美，野性美，跟著感覺走，易受
　　　情緒影響，性病，精神疾病（思想異於常人），腎，
　　　膀胱，賭博（好玩）。

充滿理想、幻想的……貪狼星

（1）甲木

主思考、智慧、標準、知性高、求知慾強、為「慾望之神」！此星為「教化之始」，於學程上而言，為「基礎教育」，如：胎教、幼兒教育、家庭教育等！因貪狼、七殺、破軍互為三合，為「變動格」，故不穩定性極高！所以若「基礎教育」不穩固，自然「有樣學樣、沒樣自己想」！一旦唯利是圖，當然容易「走偏」囉！

（2）癸水

反應佳、重享受、重肉慾，如：性、吃、酒。而化氣曰「桃花／絕」！「化桃花」者，陰陽交合方能傳承不斷，此為「化桃花」的本意！意指「生生不息」！自然的天性，卻為一般初學者誤認為貪狼，只是狹隘的「第一大桃花」而已！且只為男、女間的「異性桃花」！……雖沒錯！貪狼的確是「第一大桃花」！但此「桃花」乃指廣義的「萬物陰陽交合方能生生不息」！只有運用在不當的「事件」中，才會不斷的產生問題！反觀萬物的「生育」！沒有「陰陽交合」如何繁衍下一代呢？

（3）標準星

為教化之始，而貪狼人心中自有一把尺，凡事皆有自己的「標準（理）」！此標準為自己所認定！所以一般來說對自己或他人的要求往往過於嚴苛！尤其「化忌」時，容易「評估錯誤」！以致達不到「目標」而怨天尤人！

有時，在別人眼中已達標準，但與自己的「理想」稍嫌不足而無法滿足！故解「貪狼忌」的不二法門！就是「不求自來」！凡事「盡人事、聽天命」！只要不預設立場，自然沒有「標準」！一旦確定目標，勇往直前便是！就算失敗，至少努力過，

無愧於自己！

（4）主偏

凡事不喜歡循規蹈矩，總有自己的想法，喜歡跟著感覺走！因「暗合」天同，所以容易被周遭新奇的人、事、物所影響，故近朱者赤、近墨者黑！若思想教育、家庭教育不健全時，往往易偏離正道，誤入歧途！足見「基礎教育」對貪狼人的重要！

（5）隨「性」二類

　　a.凡事不設限、不計較、沒個性、凡事隨緣。

　　b.設限、凡事計較、為堅持而堅持，貪得無厭。

貪狼星為教化之始，為基礎教育，因屬變動格局，故極度不穩定，所以當基礎教育不夠穩定時，貪狼容易因外在因素而偏離正道，故貪狼主「偏」，然而火星、鈴星反能使貪狼習正。除此，貪狼為慾望之神，理想星，故特別著重精神層次的感受，所以容易給人不切實際的感覺。是一顆蠻重「奇檬子」的星。

貪狼──該注意的事！

（1）貪狼為「慾望之神」、「神仙之宿」、重感覺、講究fu的一顆星，有時很隨興，有時卻也很「機車」，全憑當下的心情走向而定？

（2）又為「教化之始」，故特別重視基礎教育，根基若不牢固，就會「有樣學樣，沒樣就自己想」，因此易誤入歧途，不尋正道故主「偏」。

（3）為桃花星，有異性緣，為「帶電體」不斷放電，只要善用桃花特性，可增加人際關係。但宜清楚分辨木桃花（甲木）或是水桃花（癸水），以命造本身而言，「木

桃花招財」、「水桃花損財」。例如：若我為老師，傳道解惑而桃李滿天下（木桃花），此時即為「招財」。相反的，我是學生，因欽仰老師，而有課必上，一睹丰采，此即「水桃花」，此時即為「損財」。總之，付出感情的同時，也開始損財了！

PS：

就學程而言：貪狼屬「基礎教育」胎教、家庭教育、幼兒教育等。

天同屬「初級教育」小學、國中、高中等養成教育。

天梁屬「高等教育」大學、碩士班。

天機屬「專業技能教育」科技大學、技術學院、藝術大學⋯⋯等。

巨門屬「領域中的佼佼者」博士。

貪狼星入十二宮

命：生活多采多姿，眼神帶電，具吸引力，擅交際，好神仙術⋯⋯

兄：甲木：聰明，教化，理想，為標竿，重禮儀⋯⋯

癸水：心思，重感情，桃花，隨性⋯⋯

夫：重感覺、精神、及性生活，喜多變，理想化⋯⋯

子：好勝心強，個性強，愛玩，充滿理想，跟著感覺走⋯⋯

財：貪財，偏財，娛樂之財，教化之財，對財的慾望高⋯⋯

疾：腎，性病，憂鬱症，妄想症，內分泌失調，不明之症⋯⋯

遷：愛現，享受刺激，趴趴走，異性緣，充滿理想及抱
　　負……

友：多為酒肉朋友，高談闊論，完美主義者……

官：工作不定，喜充滿挑戰性的工作，傳道者，老師，演藝
　　事業，表演工作者，娛樂事業……

田：財不易入庫，在家重氣氛，重感覺……

福：要求完美，慾望高，好神仙之術，重視精神生活。易有
　　特殊癖好……

父：父母要求高，慾望高，充滿期許，重教育，意氣用
　　事……

巨門星

（1）己土：礦物，寶石，玉石。
　　辛金：沒有固定行情，價值不顯，價值因人而異。
　　癸水：口舌，是非，不明，臆測，暗溝。
（2）代表人物：馬千金。
（3）化氣曰「暗」、「顯」：指太陽、太陰照不到的地方。
　　刻意隱瞞（黑盒子）。
（4）品萬物：鑑定，以口、眼、鼻、耳皆可鑑賞，觀察
　　力，研究，眼光，放大鏡，顯微鏡。
（5）主是非：因看不清、說不明、聽不全、察不細故生是
　　非。
（6）隔角煞：代溝，派系，門派，社團，俱樂部。
（7）中醫，密醫，草藥，神明藥。
（8）法院，醫院，技術學院，研究室。
（9）中古星，骨董，二手貨，用過的，年代久遠。
（10）命卜星，易走鐵口直斷，宜修口。
（11）門裡門外各為天，門縫裡看人，而自處暗處，別人不
　　易發覺，刻意隱藏。
　　大近視、大遠視、腎、肺、口、鼻、胃腸。師字輩，
　　有專門技藝。不易讓人發覺心中之祕密。見不見光在
　　於門。有獨到的見解，為黑洞，無底洞，深不可測。
（12）攝影，租書店，骨董，二手貨，珠寶，玉石，法醫，
　　律師，技術師，老師，主持人，名嘴。
（13）取勝之道：氣質，內涵，講話，眼神。玉石，珠寶，
　　眼光，磨練。

（14）元神，巨門所入之宮，為元神易顯之宮位。

充滿是非的……巨門

巨門，化氣曰「暗／顯」！主眼、耳、鼻、口、及各感官！而「品萬物」！即是以這些感官來「評鑑」所有的事物！足見巨門的「專業與能耐」絕非等閒之輩！話雖如此，巨門的「能耐」也非與生俱來！是需要多方學習的！故在專業能力未成氣候之前，往往是充滿爭議的時候！所以應以「化暗」居之，也就是「低調」！若強出頭！當然易生是非囉！故常常藉由五官所得到的資訊，由口表達出來，然而五官的片面感受常常造成「口誤」，故「是非」應運而生！此乃因視不明、聽不清所以說不清楚而造成口舌是非。故之所以化「暗」！即是保持「低調」之意，此乃巨門尚未「完全明瞭」之前，宜保持低調，以免造成是非！

待巨門「深入了解」之後，此時的巨門的能力便已具足！「專業素養」的提升，讓巨門口若懸河、頭頭是道，便能展現化氣曰「顯」，故又為「研究星」、「專業星」，猶如放大鏡、望遠鏡、顯微鏡般，能看到「一般人」無法看到的深度！所以巨門也非一昧的「化暗」而已哦！

因此，巨門的法門即在於「門」，即「門檻」！任何事情是否「完全明瞭」？皆有其最低標準，過之，則可「入門」！才可受到肯定，否則也只是個「門外漢」而已！外行充當內行，所做的事情終究會成為笑柄、引發是非！故應「化暗」居之，方能置身於是非之外，明哲保身！

反之，若已過此「門檻」，表能力已受肯定！自然能一語道破真機、頭頭是道、甚至呼風喚雨！此時何須再化暗！故化

「顯」，將一般人所無法得知的「盲點」，一一「顯象」！一一道破！此乃巨門的能耐！故巨門化氣曰「顯」，即表看仔細、聽清楚、說明白，自然能完全表達，所以讓人感覺「夠專業、夠深度」，理當入門，甚至成為「專門」！總而言之，巨門講究的就是「專業」！想要棄暗化顯！唯有多下苦功，充實專業能力及素養，方可善用巨門的專業特質！

巨門又主「中古星」、骨董、玉石、二手貨、用過的、年代久遠……！其「價值性」因人而異，有別於固定行情的「武曲星（庚金）」！故巨門的價值為「無價（化暗）」！此「無價（辛金）」可為「不值錢」！亦可為「天價、價值連城」！落差頗大！

巨門也主太陽、太陰所照不到的地方！可表「刻意隱藏」之事物！如：財不露白、黑盒子、黑洞……

巨門星入十二宮

命：有眼光，口才好，反應快，小人多，細心，重門派……

兄：互動中不易拋棄己見，易口角，古板，鬥嘴……

夫：嘮叨，有眼光，愛八卦，宜老少配……

子：代溝，口才佳，愛頂嘴，愛鑽牛角尖，喜研究，有主見，頗具眼光……

財：智慧財，口財，暗財，私房錢，技藝之財，是非之財，不義之財……

疾：主脾胃、腎、膀胱、肺，不易察覺之症，適中醫，草藥，神明賜方……

遷：出外易生是非，口角，多話，注重專業……

友：易受朋友之累，人際關係是非多，易遭小人陷害，結群
　　幫派……

官：以口為業，專業至上，一技之長，專業技能，中醫，法
　　醫，律師，法官……等相關工作。工作上易與人發生口
　　角是非。

田：家中各自為政，易生口角，易遭小偷……

福：有口福，重口味，作夢，靈魂出竅，鑽牛角尖……

父：與長輩有代溝，父母要求嚴苛，有主見，嘮叨，口才
　　佳……

天相星

（1）壬水：多變的，身段柔軟，能屈能伸。

（2）代表人物：聞太師。

（3）化氣曰「印」、「藏」：印章，關防，支票，保證，誓約。

（4）化廣慈：好打抱不平，服務熱忱，慷慨，為人打算，俱同情心。

（5）官祿主（掌印）：能力的肯定，管官，流程的控管。

（6）衣食之星：好看，好吃，好用，跟著流行走，不愁吃穿。

（7）仲介：笑星，媒人，笑臉迎人，重表面功夫，為達目的不擇手段。

（8）馬屁星：見人說人話，見鬼說鬼話，表裡不一，粉飾太平，言過其實，說話須打折扣。

（9）三種人：笑臉迎人，懂人情世故，運勢一路亨通。
乖乖牌，牆頭草，運勢普通。
苦瓜臉，不得人緣，運勢不彰，諸事不順。

（10）反應好，隨和，喜拍馬屁，也喜被拍馬屁，儘管是假亦沉浸其中。

（11）不可破相，重表面，重外在，喜山盟海誓，承諾，契約。

表裡不一的……天相星

天相——壬水，主多變的、身段柔軟、能屈能伸、粉飾太平、表裡不一！

化氣曰「印／藏」：可為印章、關防、支票、保證、誓約⋯⋯等，「印」者，為認定、肯定之意！天相者易輕易給予人肯定！而這肯定若與事實吻合，倒也「名符其實」！只是，天相人宅心仁厚往往言過其實！故常給人言不由衷、極盡諂媚之能事，甚至「見人說人話、見鬼說鬼話」！目的無他，當然為個人利益囉！所以天相又名「馬屁星」！所說雖言不由衷，倒也令人心感舒服！至於針針見血的事實！天相人倒是容易隱藏，故也會「遇難呈祥」！而失防備！此與對宮的「破軍」有關！

為「官祿主」！掌「印」，於天府星系中，若以天府（令）星為太極，則天相必居天府的「官祿位」！表天府所擁有的「權令」，是要靠天相的「印信」，方能彰顯與執行！換句話說，天府的能力必須得以彰顯（印）、得到認同，方能服眾！所以此天相（印信）就像腰牌、識別證、通行證、各式憑證⋯⋯等，以證明「資格」符合！除此，也主「流程控管」，為層層節制，層層管理、印信就是「認可」的圖章！

仲介星，重表面功夫，為達目的不擇手段！往往能發揮長才，讓人在不覺中掏出腰包，以達目的！當然天相人也喜歡被奉承的哦！即使是違心之論，天相人也樂在其中！

天相的小孩，是需要被「肯定」的！所以犯錯時，給予嚴厲的處置！不如給予一個「擁抱」來的有效！在溫馨的關懷中互許承諾！雖無法百分百的實現（打折），起碼無須「隱藏」！若能取得彼此「約法三章」，倒也能給予天相的小孩一個明確的努力目標！

給天相坐命宮的朋友

外表給人的第一印象，影響天相的運勢很大，所以美姿美儀

不可忽略，包括外貌、氣色、精神……等等，整體的美感尤其重要，就算是男生，也是一樣。即使臉上只是一顆小小的青春痘，都有可能破壞即將到來的好運。所以不管男女老幼都一樣，常保笑口常開以外，服裝儀容也要得宜。千萬不可邋遢。

天相星入十二宮

命：愛面子，重表面，愛拍馬屁，有貴氣，和善，好打抱不平，粉飾太平，重名牌……

兄：兄友弟恭，禮尚往來，奉承阿諛，相敬如賓，點到為止，誓約，誓言，讚美……

夫：重外表，易成人頭，撒嬌，愛打扮，喜名牌，重排場……

子：愛吃，男較積極，女較懶散，內向，重外貌……

財：有價證券，印鑑，支票，房地契，股票，定存……

疾：膀胱，腎臟，下身之疾，氣色……

遷：人緣佳，愛出風頭，注重表現，重外表，奉承阿諛……

友：逢場作戲，人際關係良好，人頭，承諾……

官：重表現而忽視內涵，畫大餅，粉飾太平，適合媒人，仲介，高級餐廳，攝影，服飾，凡重外表、排場之性質者……

田：可得祖產，須注意有關人頭、印鑑等，有價證券、文書契約上的糾紛……

福：重物質享受，錦衣玉食，好打腫臉充胖子，好享受……

父：父母人緣好，好管閒事，動口不動手，喜奉承阿諛，口頭承諾，契約，證照，聘書……

天梁星

（1）戊土：走四方，累積資源，經驗豐富。

（2）代表人物：李靖

（3）化氣曰「蔭」、「滅」：蔭人，受庇護。

（4）父母宮主：貴人，長輩，前輩，父母，老師，老人。

（5）主壽：延續，醫生，吹噓（無損於人），延長，延伸，放大。

（6）神明星：祖先，泛指神明，天公，太上皇。

（7）受教：a. 不斷受教育而成師者。（讀書）；b. 吃盡苦頭，從失敗中受教者。（久病成良醫）

（8）老大心態，喜照顧別人而受敬重的感覺，經驗傳承，老師，醫生，西醫，顧問，有名無實，不斷講述經驗，有時也會將別人的經歷當成自己的經驗來傳述。

（9）天梁：a. 力：辛苦，為人作嫁，切勿雞婆；b. 文：讀書，層次較高，較輕鬆。

（10）文書，文筆，文憑，白紙黑字，毛筆。

倚老賣老的天梁星

天梁 屬戊土，亦為陽土，為父母宮主，化氣曰「蔭／滅」，著重學、經歷。又是壽星，有長久、延續、反覆……等之意，同時掌管文書，而此父母宮也是「提供宮位」！當然每個宮位的宮性皆可為「我用」或「他用」！所以當自己為初學者或能力較差時，此天梁即可視為「他用」！命造視天梁為「貴人」！提供（蔭）命造資源！……相反，若自身已功成名就或能力較強時，此天梁即為「我用」！命造將福澤眾生、服務大眾、提供資源於

必須者，亦為「化蔭」！故貴人、小人乃一線之隔！

天梁為「經驗星」，所入之宮，想要有所成就，絕非速成可達！同時更要在學、經歷上下功夫。所不同的是：

學歷：乃藉由「別人的經驗（書籍）」作為自己的經驗值！

經歷：則必須「親身體驗」不斷累積經驗值！當然必須嘗試失敗的痛苦！所以付出的代價常常高於想像！而且絕非短時間內可一蹴即成的！

所以不論是「學歷」也好，「經歷」也罷！皆須接受時間的試煉！

化氣曰「蔭」，老大心態，喜歡罩人的感覺，成為別人的貴人，所以也是「貴人星」，以顯示自己能力的不可一世，也因此愛多管閒事，為人作嫁，徒增煩惱。當然，當自己能力較差時，亦可得到別人的庇蔭！由四化可知，當「天梁化祿」時，則必「武曲化忌」！更說明不論是「蔭人」或「被蔭」？都須惦惦自己的份量與能耐？再決定是否要蔭人？

化氣曰「滅」，天梁就像是「大樹」一樣！當天梁能力受挫，磁場「受沖」時！此「蔭」將消失！將會造成一蹶不振、樹倒猢猻散、滅門、倒房、瓦解……等，無法挽回的頹勢，不可不察。

天梁主「壽」、為「父母宮主」，故可釋為父母、延續、醫生、老師、前輩、神明、祖先、吹噓（無損於人）、延長、放大……等。

受教星：

（1）不斷受教育而成師者。（讀書、文憑）

（2）吃盡苦頭，從失敗中受教者。（久病成良醫）

因天梁的學程較長，為「大學學歷」，故其學術的養成較為費時，畢竟羅馬不是一天造成的！

天梁星入十二宮

命：老成世故，吹噓，愛出風頭，經驗老到，老大作風，蔭人，倚老賣老……

兄：互相扶持，彼此交換心得，喜談經驗，述說往事……

夫：成熟穩重，有擔當，顧家，善理家務，老夫少妻或妻大於夫……

子：孩子王，學習能力佳，聰明，有文學氣息、老情人……

財：不重財，好行善，佈施，文書財，支票，股票，有價證券，罰單，稅單……

疾：腦，為，一生少病，西醫，脊椎……

遷：出外有貴人助，經驗老到，閱歷豐富，舊地重遊……

友：忘年之交，老朋友，朋友喜助人，人際關係良好……

官：繼承家業，世代相傳，老大作風，動口不動手，適教職，西醫，顧問，代書，股票……

田：祖業，房屋老舊，古厝，遺跡，家中長輩，老地方……

福：愛好文學，得長輩愛護，祖上福蔭，喜助人……

父：長壽，人生閱歷豐富，樂善好施，述說往事……

七殺星

（1）丁火：快速，能量，發動，

辛金：冷硬，堅強，理智。

（2）代表人物：黃飛虎。

（3）化氣曰「殺」、「生」：主肅殺，自刑，刑人。

（4）司生死：夭折，非生即死，非成即敗，輸贏一瞬間。

（5）主風憲：重規矩，重義氣，守法（心中自認之法）。

（6）戰將：支援部隊，衝鋒陷陣，說風就是雨，如秋風掃落
葉，來去皆快，成敗立現。

（7）掌權柄：將在外軍令有所不受，擁令自重，先鋒部隊。

（8）孤剋星：因守法，不講情面，故六親不認，處事重規
矩。

（9）七殺最怕沉吟，易陷入進退兩難。（沉吟福不榮）

（10）主肺，血，心，刀傷，急症，因高度緊繃，引起心血
管疾病。

（11）可為刀、筆、力，為鋼鐵業，軍警，打手，保全，保
鑣，金融業，時機性的行業。

（12）重氣勢，心虛則氣弱，氣弱則爆發力不足，所以氣勢
弱則無法成事。

成敗立現的……七殺星

七殺……屬丁火：表快速、能量、發動、爆發力。亦屬辛
金：表冷、硬、堅強、理智。化氣口「殺／生」！主肅殺、自
刑、刑人，火、金使其給人的感覺，既冷淡無趣，性情又暴起暴
落！有修養的七殺人，把壓力一肩扛下！此乃「自刑」的表現，

無傷於人，只要不自戕就好！而無修養之七殺人，則處處給人壓力！這就是「刑人」的七殺！

七殺的「殺」與「生」有生死、成敗、有無……等的「決斷」特性！說明七殺者的作風，往往說風就是雨！來的急也去得快，在一陣秋風掃落葉之後，馬上成敗立現！非生即死、非成即敗！輸贏一線間！故為「司生死」！

凡事重「法」！主風憲。守規矩、重制度、規章、典範！但，此乃是針對七殺自己所認同的「法」哦！所以一旦加入幫派，絕對「服從幫規」，只要大哥一聲令下，「小弟」不加思索一律照辦，且行事果決！又因與「破軍、貪狼」形成三合！成為「變動格」！最怕過於衝動！而造成無法弭補的過失，既害人又害己！

七殺為「戰將」！屬支援部隊、衝鋒陷陣，爆發力雖強，但「持續力」卻不足！往往給人「頭興興、尾冷冷」的感覺！所以若想要讓七殺保持在顛峰狀態，就必須讓七殺保持高昂的「鬥志」！才能延長七殺的持續力！

「掌權柄」：將在外，軍令有所不受！七殺頗有「擁令自重」之象！此因七殺永居天府（令）的遷移位，故知七殺之權令乃出自「天府」！天府一旦「令出」！七殺隨即「領令」出征！待完成此令，才會再接令！在「前令」未完成前，不會再接第二道指令！

七殺的對宮一定是天府星、為「令」星，也就是說，當七殺坐命者想擁有「掌控權（令）」，就必須將「七殺的能力」提升至遷移宮天府的位置，否則只能停留在七殺當下的位階，永遠當天府的「傳令兵」東奔西走，鞠躬盡瘁。所以，七殺坐命者的首要條件，就是不斷把握機會充實自己，不管學、經歷都必須加

強。使自身的「能力」提升！直到足以「掌令（天府）」，方有能力掌握契機，做最佳的決斷，才不至於失算、失策！

至於學、經歷的基本條件可從「父母宮」下手，當達到門檻時，自然坐擁天府得令，此即「他宮我用」的應用！

七殺最怕「沉吟」！就怕陷入進退兩難！若是正向的「好事」，這七殺的「沉吟」，就會失去成功的契機！正是「沉吟福不榮」的寫照！反之！若是負面的「壞事」，這七殺的「沉吟」，反而成為避難的關鍵！此即「沉吟禍不生」！所以七殺的成功與否？取決於能在「對的時機，做對的事」！所注重的就是「時機」！

七殺星入十二宮

命：做事衝動，遵守法治，凡事持續力不足，容易「頭興興、尾冷冷」，沒耐性，說風就是雨，十足急性子的個性，有自刑或刑人的跡象……

兄：知心朋友不多，正直，不圓滑，易得罪人，直來直往……

夫：配偶脾氣急躁，易造成別人的壓力，也給自己壓力，來得急去得也快，凡事講究效率，不喜拖泥帶水……

子：一見鍾情，對情人沒耐性，不喜慢郎中，敢愛敢恨，速食愛情。對子女管教嚴格。投資上快、狠、準……

財：財來財去皆快，不取不義之財，愛財依法有據……

疾：刀傷，突如其來的傷害，易歇斯底里……

遷：積極，說做就做，易半途而廢，須增加持續力……

友：重義氣，講道義，為朋友兩肋插刀……

官：作風強勢，霸氣，衝動，積極，不喜呆板的工作，冒險
　　犯難，變動性大，富有挑戰性等才是最愛……

田：家庭氣氛不夠祥和，全家不易聚齊，財庫不聚，家庭太
　　重法而缺少情愫……

福：壓力大，急躁，枕戈待旦，神經緊繃，喜冒險犯難，挑
　　戰自我……

父：父母壓力大，守法，性暴，固執，脾氣大但來去皆
　　快……

破軍星

（1）辛金：開疆拓土，開創，全力以赴。

　　癸水：大海水，血，暗潮洶湧，海浪。

（2）代表人物：商紂。

（3）化氣曰「耗」、「納」：消耗，付出，偷雞之前蝕把
　　米。

（4）主六親：對六親的付出或要求，但並非無私的奉獻，而
　　是為了背後更大的利益。

（5）零存整付或整存零付，整批，分批，分期。

（6）破：耗損，擺爛，不要的，破的，不完整的，壞的，垃
　　圾。

　　軍：整批，有紀律，有規律，養兵千日用在一朝，倉
　　庫，積極進取，大刀闊斧。

（7）驛馬：任務型的旅遊，如出差，考察，出遠門，出國，
　　遠遊。

（8）喜改變現狀，求新求變，大來大去之勢，如大海一波又
　　一波，大血，大水，血崩。

（9）不喜端坐，行走如海水拍打，豪爽，好酒食，海量，貨
　　運，卡車，大客車，護士，媽祖，耶穌，穆漢默德，二
　　手貨，舶來品，大船，批發。

破軍……走到哪裡，就破到哪裡

　　破軍化氣曰「耗╱納」！破軍所入之宮，命造必定為當宮
所主之人、事、物付出代價及心力，此為「破」為「耗」的特
性，又以六親宮為主，但破軍的付出（耗）是有代價的，是要回

饋的！即「軍」，軍乃有紀律、有目的、有戰力、可攻城掠地，在此可表相對的要求及回饋，故又化氣曰「納」。就像「偷雞（納）之前施把米（耗）」，所以破軍的付出是要有代價的，並非無私的奉獻，與天機的「捨」，不求回報是有別的。

破軍之人，凡事朝目標積極進取，勇往直前，奮不顧身，此乃「軍」的表現！不過一旦發現理想、目標越離越遠時，則會立即「擺爛」完全放棄、且毫不猶豫！此即「破」的影響！

破軍星入十二宮

命：有魄力，守紀律，擺爛，富創意，大成大破，冒險精神……

兄：義氣，為兄弟兩肋插刀，不易聚財，酒肉兄弟，為人作嫁……

夫：聚少離多，配偶可為外國人，或像外國人，輪廓較深，易出國工作……

子：為子女耗費心力，易流產、血崩，為子作嫁，喜外國人，愛舶來品……

財：財守不住，易耗，可賺與大海有關之財，開闢財源……

疾：身體易流失水分、精力、體力。血光，血液之疾病、大失血、溺水……

遷：出差，出國，整批出去，分批出去，出遠門……

友：酒肉朋友，大部分精力都在朋友、人際關係上……

官：積極，大成大破，大手筆，不成便擺爛，適合做國外生意，運輸業，進出口業，護士，軍警……

田：先破後成，家中成員聚少離多，為家、團體、組織付出。移民。居無定所……

福：耗費心力，思想新潮、怪異，有創意，積陰德……

父：情緒起伏大，外表像西方人，出國留學深造，為長輩付
　　出……

PS：解釋星性時，必須依附在「宮性的範圍」內，選擇符合宮性
特質的「星性解釋」，且必須符合邏輯，此「星性」才能為之所
用，否則容易造成不知所云或牛頭不對馬嘴的解釋。

副星星性大綱

天魁、天鉞

年干助星：天魁、天鉞（不入天羅地網）

天魁：取生年干，「未宮」起甲，順數至生年干，且不入辰
　　　戌二宮。

天鉞：取生年干，「丑宮」起甲，逆數至生年干，且不入辰
　　　戌二宮。

年干助星：天魁、天鉞（不入天羅地網）

（1）為年助星，其助力影響一生，故感受力不顯。

（2）天魁為陽火，天鉞為陰火。

（3）天魁為「天乙貴人」，為陽貴、顯貴、晝貴成就。

（4）天鉞為「玉堂貴人」，為陰貴、隱貴、夜貴成就。

（5）尊貴之神，主貴氣，協助，才名。

（6）讀書星，文星，才星，科甲星，細姨星，天鉞較偏桃花。

（7）天魁主易得男性之助，陽性之助，天鉞主易得女性之助，陰性之助。

（8）當有感覺魁、鉞的助力時，往往已面臨即將崩潰瓦解之際，頓時神來一筆，起死回生。

（9）約中年四十五歲以後的魁鉞，易變成小人。

（10）「魁」亦有為「首、頂尖」之意。

（11）丑未線為「貴人門」。

　　天魁為陽火、為「天乙貴人」，屬陽貴、顯貴、晝貴成就。天鉞為陰火，為「玉堂貴人」，屬陰貴、隱貴、夜貴成就。天魁、天鉞皆為「年干助星」，因其助力為經年累月，影響一生，故感受力不顯！猶如「父母親」對我們的悉心照顧一樣，噓寒問暖、無微不至！也因為長年累月的接受父母親無償的「照顧」！進而使我們總認為父母親的付出是「理所當然」的！所以容易「忽略」了這份難能可貴的恩情！殊不知，這份「恩情」一旦瞬間消失！才猛然間發現這「比天高」的貴人！就是「雙親」！這「天魁、天鉞」的助力，就如「父母親」般！細水長流、源遠流長！

　　當我們「明顯」感受到天魁、天鉞的助力時！往往已面臨即將崩潰瓦解之際！頓時神來一筆的「助力」，而起死回生！所以平時若感覺不到天魁、天鉞的助力，那可是「好事一樁」哦！

　　魁、鉞為「讀書星」‧文星、才星、科甲星，也是「細姨星」，天鉞較偏桃花！當中年事業有成後的「魁、鉞」，易變成「小人星」！此乃當我們未成氣候，尚在打拼之時，別人給予的

「助力」，通常是出自，由衷的幫助不求回報！此為「貴人」！
但若四、五十歲事業有成後，別人還「熱心」給予協助！難保不
是「別有居心」？此時則當防「小人」！雖說害人之心不可有，
但「防人之心不可無」！

　　丑、未線為「貴人門」！魁、鉞皆入此線稱為「坐貴向貴
格」！

左輔、右弼

月系助星：左輔、右弼

左輔：辰起正月，順數生月。　　**右弼：戌起正月，逆數生月。**

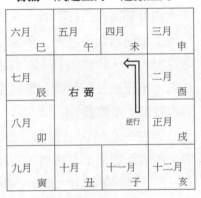

二月 巳	三月 午	四月 未	五月 申
正月 辰	順行　**左輔**		六月 酉
十二月 卯			七月 戌
十一月 寅	十月 丑	九月 子	八月 亥

六月 巳	五月 午	四月 未	三月 申
七月 辰	**右弼**		二月 酉
八月 卯		逆行	正月 戌
九月 寅	十月 丑	十一月 子	十二月 亥

月系助星：左輔、右弼

（1）左輔屬陽土，右弼屬陰水。

（2）左輔行善令，右弼司制令。

（3）左輔主圓巧，穩重，風流，大方，隨和。

（4）右弼主機智，度量，寬宏，清秀。

（5）左輔、右弼皆為紫微之輔相，紫微三方四正中無左右為孤君。

（6）左輔、右弼無主星共守，則無抵禦之能耐。

（7）左、右不喜入夫妻宮，易有第三者介入。

（8）左輔之第三者易浮出檯面，右弼之第三者則不顯。

（9）左、右為月系星，故其助力介於「年助星」與「時助星」之間。

左輔、右弼……真能左右逢源

一般而言，左輔、右弼皆為紫微之輔相，若紫微的三方四正無左輔、右弼者，則稱此紫微星為「孤君」！以現今來說，就等同於「一人公司」，或屬「個人工作室」之類，凡事從上到下、從裡到外都需自己打點者，也就是「校長兼工友」！其工作能力再強！也僅只個人之力，事業版圖有限，難以做大！……反之，若逢左、右，則表均有「左右手」可代為打點，有額外第三者的加入，不僅能分憂解勞，也能擴大業務範圍，增加事業版圖，打的也就是「團體戰」！

若左、右所入之宮為「忌象」！則當注意此宮易受「第三者」所害而遭損！左輔者，表此第三者將「顯而易見」！若右弼者，則「隱而不顯」，當小心查訪！

左、右不喜入夫妻宮，易有「第三者」的介入。搭配宮中主、副星，則可知此第三者的「屬性」為何？如：公婆、小三／小王、妯娌、叔嫂……等。

文曲、文昌

時系助星：文曲、文昌

文曲：辰起子時，順數生時。　　　**文昌：戌起子時，逆數生時。**

丑時 巳	寅時 午	卯時 未	辰時 申
子時 辰　順行	文 曲	巳時 酉	
亥時 卯		午時 戌	
戌時 寅	酉時 丑	申時 子	未時 亥

巳時 巳	辰時 午	卯時 未	寅時 申
午時 辰	文 昌	丑時 酉	
未時 卯		子時 戌	
申時 寅	酉時 丑	戌時 子　逆行	亥時 亥

時系助星：文曲、文昌

文昌

（1）文昌星的代表人物為武王的女將……嬋玉。

（2）主文采風雅，氣質高貴。

（3）五行屬金，主科甲，乃文魁之首。

（4）學術星屬文書，典章，制度，規章之類。

（5）屬正統，正式之文章，如證照、契約、有價證券、公
　　　文、公告、法規、法條……等等之類。

（6）時系星，階段性，短期，日報，樓梯。

（7）聰明機巧，記憶力強，理解力佳。

文曲

（1）文曲星的代表人物為姜子牙的女將……龍吉。

（2）主六藝（禮、樂、射、御、書、術）精通，口才佳。

（3）五行屬水，主科甲，作舌辯刀筆之徒。

（4）文曲偏向口才及非正統文藝，如命相、占卜、歌藝、手藝、才藝。

（5）精神類學術，如哲學、神學、玄學、命學。

（6）昌曲會可釋為綑綁、繩索、腸子、糾纏、套牢、不斷反覆之意。

（7）文曲屬水，為偏桃花。

文昌、文曲……多才多藝

文曲、文昌皆屬「時系助星」，取自命造的「生時支」安之，因屬較短的「時限」故在論命時，相較於年助星（天魁、天鉞）、月助星（左輔、右弼）的感受力更為強烈！

文昌：

五行屬金，主科甲，乃為文魁之首。入命宮，主聰明機巧、記憶力強、理解力佳、文采風雅、氣質高貴。屬正統學術、文書、店章、制度、規章、正式文章、證照、文憑、契約、有價證券、公告、法規……等等之類皆屬之，為公家機關或正式場合所規範的制式科文。

為時系星，時程較短，故可引伸為短期、階段性、日報、樓梯……等具有一段一段，段落分明的相同事物重複運作。

文曲：

五行屬水，主科甲、作舌辯刀筆之徒。入命宮，主六藝（禮、樂、射、御、書、術）精通、口才佳。文曲偏向口才及非

正統文藝，如：命相、占卜、歌藝、手藝、技藝等才藝。因屬水，為偏桃花。

為時系星，屬水，有連續性，故亦可引伸為曲線、腸子、波浪、綿延、連續……等象意。

當文昌、文曲同宮、對宮、夾宮且逢忌時，可視同繩索、枷鎖、限制……等星性，使此宮難以跳脫困境！麻煩不斷！

祿存、羊刃、陀羅

祿存

丙 戊 巳	丁 己 午	✕ 未	庚 申
✕ 辰	祿　存		辛 酉
乙 卯			✕ 戌
甲 寅	✕ 丑	癸 子	壬 亥

年干助星：祿存星（不入四庫地）

祿存：不入四墓地，年干星起於「寅宮」，順數生年干。

羊刃：祿存之前一宮（順數）。

陀羅：祿存之後一宮（逆數）。

（1）五行屬土，為得物星（實質利益）。

（2）主財祿、食祿、福壽。

（3）主孤，入六親宮時因給人過於現實，故有不親的感覺。

（4）主財富，入財、官、遷、田時主財富，有鐵公雞之嫌。

（5）羊刃、陀羅為其守護神，在於左右。

（6）祿存可釋為「保險箱」。

（7）男盤入夫妻宮，男命主懼內。

（8）屬土，故穩重，不喜變動，實際，擁有方可安心。

（9）祿存入那宮，則當宮即有所得方為得盤。

（10）入運限之命宮、夫妻宮，則當運限即为「婚期」。

重實質利益的……祿存星

祿存所入之宮，命造必須能夠「實際掌控」或「實際擁有」，才有「安全感」且踏實！口頭上的承諾、文字上的描述都無法讓祿存得以「安心」！

當祿存入「財、官、遷、田」時，可主「財富」！因過於重實際利益，所以難免讓人感覺有「鐵公雞」之嫌！只進不出，故亦可引伸為「保險箱」！

當入六親宮時，則此六親必能與命造彼此獲得對方的「實質利益」！如此方為合盤！如：男盤，祿存入夫妻宮，一般主「懼內」！倒不是真的「怕老婆」！而是怕「失去老婆」，故盡量忍讓以保婚姻！所以給人「怕老婆」的刻板印象！其餘宮位相仿！

另外！祿存因屬土，有厚重、穩重、不喜變動的特性，故入命者，給人忠厚老實、穩重、擇善固執的個性！有時甚至讓人感覺冥頑不靈，不知變通！入運限之命宮、夫妻宮時，則當運限即可釋為「結婚運」！

羊刃 與 陀羅

陀羅　　　　巳	丁巳 祿存　　午	羊刃　　　　未	申
辰	前羊刃　　後陀羅		酉
卯		陀羅　　　　戌	
寅	丑	羊刃　　　　子	壬 祿存　　亥

　　「祿存星」所落之宮為主，前順下一宮安「羊刃」！後逆下一宮安「陀羅」！故簡記：「前羊後陀」！

羊刃

（1）代表人物為周朝大將……楊戩。

（2）屬火、金，主刑傷、殘忍。

（3）刀刃，其性屬火、金，既鋒利且硬。

（4）主針、小刀、匕首、蜜蜂、扁鑽、箭。

（5）刑傷，是明槍、可見的，如外傷、開刀、注射、打針、皮開肉綻。

（6）主刀、亦為筆！刀為力、為武！筆為能耐、為文！

陀羅

（1）代表人物為黃天化（黃飛虎之子）。

（2）屬金，主殘忍、是非。

（3）陀羅如石頭、石磨、原地打轉、空轉、來回踱步。

（4）刑傷，是暗箭、內傷、隱的傷，如瘀血,骨折。

（5）主牙齒、胎記、結石。

（6）表面斷情緣，但是又暗渡陳倉。

「明槍」與「暗箭」的……「羊刃」與「陀羅」

羊刃與陀羅的安星法則，可依「祿存星」的落宮而排定！假設祿存星坐「午宮」，則前順下一宮（未宮）安「羊刃」！而後逆下一宮（巳宮）安「陀羅」！故其安星口訣簡記為「前羊後陀」！

羊刃——又名「擎羊」！為斗數六凶之一，主刑傷、是非、刀傷，開刀……也引申為「力」！可釋為力道、能力、衝勁、幹勁。當遇到羊刃時，通常都必須經過一翻的爭戰與對抗！難免流下大小不一的傷疤及印記！

羊刃可為針、小刀、匕首、蜜蜂、扁鑽、箭……等體積較小且鋒利的器具。故一般喻為「刑傷」，是為明槍、可見的、陽顯的、顯現在外的「外傷」！除此之外，亦可為「筆」！當武力不足以對抗時，轉化為「文筆」！以智慧取勝也是一股不容小覷的力量，宜善加利用，倒不一定非見血不可！

羊刃入子、午、卯、酉（四敗地）時，亦稱為「馬頭帶劍格」！此時的羊刃猶如一把雙刃劍，揮舞之間容易傷人！也容易傷到自己！是「不易掌控」的一把劍！

反之，若入辰、戌、丑、未（四墓地）時，又稱為「擎羊入

廟格」！此時的羊刃，猶如一把帶有「刀鞘」的劍！當劍未出鞘時，不僅有嚇阻作用，亦能發揮增加氣勢的功能！一旦當劍出鞘時，即能完全掌控劍身且收放自如！

　　亦為六凶之一，主是非、內傷、挫傷、蹉跎、鈍器、石頭、牙齒、原地打轉、來回踱步，屬隱性質之傷害！羊刃為「明槍」！陀羅即為「暗箭」！且陀羅的傷害往往久久不散！陀羅易呈現在表面上斷情緣、但是卻又暗渡陳倉，藕斷絲連！

　　此外，陀羅亦可釋為「空轉」！與天機之「齒輪」皆有運轉之意，但差別在於「作功」的不同。天機者，其運轉為有目的、有計畫、有規律、有成果的作功！而陀羅，為漫無目的、沒有計畫、失速運轉，猶如「熱鍋上的螞蟻」！空轉無效！

　　雖陀羅對所主的事件上來說，沒有實質上的助益，但在相關的作為上，有時反能成為有利的條件！如：陀羅可表事件不會快速解決，可有緩衝的時間，於某些突發事件上而言，可多爭取些時效，倒也不錯！

　　善用陀羅的「特性」！此凶星亦能成為「吉用」！

地空、地劫

午時	巳時	辰時	卯時
巳	午	未	申
未時			寅時
辰			酉
申時			丑時
卯		地空	戌
酉時	戌時	亥時	子時
寅	丑	子	亥

午時	未時	申時	酉時
巳	午	未	申
巳時			戌時
辰			酉
辰時			亥時
卯		地劫	戌
卯時	寅時	丑時	子時
寅	丑	子	亥

地空：時系星，亥宮起子時，逆數生時支。

地劫：時系星，亥宮起子時，順數生時支。

（1）地空屬陰火，地劫屬陽火。

（2）地空──半空折翅，（既得之物無故消失）屬性為陰。
　　　地劫──遇劫而損，（既得之物遭劫、遭搶）屬性為
　　　陽。

（3）空、劫入三合方時，宜修，諸事不順，轉念可解。

（4）走修，並非改變事實，而是改變思考模式，進而自在無
　　　罣礙。

（5）「空劫夾忌」為敗局。

（6）空劫宜走「空」的形態，如精神面的充實、思想上的突
　　　破、適合神、佛、玄學、及哲理。

（7）歌曰：「劫空為害最愁人，才智英雄誤一身，只好為僧
　　　併學術，堆金積玉也須貧」。

（8）空劫入三合，易遁入空門，為修道星。

地空、地劫……真會劫走一切嗎

　　地空、地劫二星，為六凶之一！因派別的不同，此二星的名稱各異！（其一）為「天空、地劫」。（其二）為「地空、地劫」，然而「天空星」則另有所指！其安星法則為「駕（生年支）前一位是天空」！與（其一）中的「天空」是迥然不同的星！

　　一般認為地空、地劫走到哪裡，就空到哪裡！劫到哪裡！即將到手，或已到手的「實質利益」都因為這兩顆星的出現，得而復失！甚至無緣擁有！就算付出所有的努力，也都將形同「付之一炬」！讓人甚感扼腕！遺憾！痛心！

　　所以此二星又稱為「修行星」！劫走身邊所擁有的一切「有形資源」，唯有「轉念」！方可釋懷，但既成的事實依舊是無法改變的！故易使人想要遁入空門，以求解脫！……但果真如此嗎？如：空、劫入財帛宮，果真無法得到「實質利益」嗎？……當然不是！當空、劫入時，彼此間「能力」的拉扯，決定命造是「劫入（我用）」？還是「被劫（他用）」？若命造乃萬中選一之良才，又豈能輕易被取代呢？同理，若命造學無所長，又如何與人一較長短？所以雖有空、劫入，只要盡力自我「提升專業」自然降低被空、被劫的機率！當然，當空、劫入之時，也表示將棋逢敵手，遇上強中手的機率很高，不能不慎！

　　空、劫二星畢竟主「空」！一切「有形物」皆空。既然如此，遇空、劫時，對有形的利益輕鬆看待，以「盡人事、聽天命」平常心待之！轉而無形的追求，如知識、學問、技能、精神……等「無形面」的提升，必有長足的進步，且越「空」所得技能越精、越「劫」所積知識也越多！因為無形物是永遠空不掉，也劫不了的，只會不斷累積！轉個念海闊天「空」！入六親宮時，則更著重精神層面的交流與提升哦！

火星、鈴星

火星、鈴星：

第一組：寅、午、戌（火）

第二組：申、子、辰（水）

第三組：巳、酉、丑（金）

第四組：亥、卯、未（木）

火星：時系星，視生年支為第幾組，再由該宮起子時，順數
　　　生時。

鈴星：時系星，視生年支為第幾組，再由該宮起子時，順數
　　　生時。

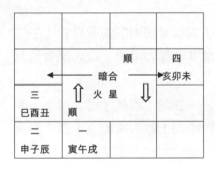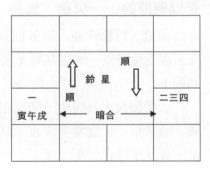

火星

（1）代表人物為殷郊（紂王之子）。

（2）時系星，故快速、瞬間。

（3）屬火，陽火、性烈、剛暴，可小可大。

（4）速起，但未必速滅，星星之火可以燎原。

（5）為火種，說時遲那時快，火起於無意間、防不勝防。

（6）香火、傳承、清香、焚燒。

（7）生氣，暴跳如雷、驚慌、急亂。

鈴星

（1）代表人物為殷洪（紂王之子）。

（2）時系星，快速引起（由內而外）。

（3）屬火，陰火、暴躁、剛強、驚嚇、悶燒。

（4）內在剛強、固執，而外在無動於衷。

（5）悶在心裡的火氣，受驚嚇而不知所措。

（6）悶棍、頑石、鬱卒。

（7）勾魂鈴、門鈴、搖鈴、皮下發炎。

足以燎原的⋯⋯火星、鈴星

火星、鈴星皆屬「時系星」！其安星法則主要取自於「生年支」與「生時支」。因是時系星故其影響力道使一般人感受較為強烈！

火星屬火，為陽火，顯現在外、性烈、剛暴、可大可小。因屬「時系星」，故發生快速、起於瞬間！雖「速起」，但未必速滅，故此星星之火可以燎原！可不能等閒視之！又因為屬陽火，所以易顯於外，讓人明顯感受到其致命的火力！

也可引申為「火種」，說時遲那時快，火星往往起於無意間、故防不勝防！

亦可指香火、傳承、清香、焚燒。火星畢竟是「副星」，在解釋其星性時，必須依附在「主星星性」之下，否則就主、從不分了！如：福德宮坐天機、火星，則可釋為「焚香禮佛」。子女宮坐天同、火星，若四化又入父母宮，則此「火星」亦可視

為「香火薪傳」！……故由此看來，火星之星性運用未必皆為凶象！

　　鈴星屬火，為陰火，隱藏於內、暴躁、剛強、固執、驚嚇、悶燒。也因屬「時系星」，所以快速引起，但因為是陰火，故外在並不明顯，易因此而忽略它的存在，因為鈴星的發生是「由內而外」！一旦發現外顯時，已無法收拾！

　　亦可引申為「引領」，有引誘、引導、引領之意！如：廉貞、鈴星入福德宮者，易「受外在環境」影響而受驚嚇！若再逢陰煞！則須注意卡陰、卡煞的問題！再則，天梁、鈴星入父母宮，也可釋為「循循善誘的老師、貴人」！

天空

巳	午	未 辛 丑	申
辰			酉
卯			戌
天空 寅	生肖 位 丑	子	亥

（1）五行屬丙火。

（2）「駕前一位是天空」，即安於「生肖（生年支）的父母宮」。

（3）命主、身主遇之，則多災、空亡。

（4）轉換空間、領域、跑道。

（5）實質的東西易失去或改變擁有的方式。

（6）虛無、思想、想法、靈感奇異、吸收創造力強、舉一反三。

（7）指擅長的領域，能掌控的範圍。

可轉換跑道的……天空星

天空星……有些派別的「天空星」是與地劫同組的「地空」！與此章節的「天空星」有別！此天空星的安星口訣為「駕（生年支）前一位是天空」，也就是生肖的父母宮安天空星。由安星法則即可知道此天空星與「生年支的父母宮」有絕對的關係！

「生年支」！即是「生肖」，對應於紫微斗數盤中的十二地支！因地支的位置於命盤中永遠不變，地域方位正代表著所處的環境不變！而以生肖為太極的 「生肖盤」，正是此命造在命盤中最容易運作與操控的「位置」！而其「父母宮」正是取其開創、起始、承先啟後……等宮性而安此「天空星」！所以，天空星即具有上列宮性的星性特質！

天空星！也易走「空」的型態！對於「有形物」來說，天空星代表此「有形物」藉由運作當中而「成空」！但未必失去，可轉化為其他「擁有方式」！而這轉化當中」實質利益」可能落入他人之手！也可能轉化中實質利益依然能自己擁有，只是改變了不同的擁有方式而已！

例如：若財帛有天空，指身邊的動產不易留住（空），容易花掉，轉入別人口袋，但若買的是有用的，或轉換擁有的方式（買屋），則此財依然為我所擁有，則為吉。所以善加運用「天空」的特性，不見得一定為損、為凶！有別於地空、地劫對「實質利益」的無奈。

天空星對「無形的領域」！與地空、地劫一樣，愈加寬廣。所不同的是，天空所指乃為專業領域中的「　片天」！如：專業知識、學識、思想、想法、技能……等！皆可達更寬、更廣、更高的領域！此表示命造對天空所入之宮的運作，可有所變動、轉

換方式、跳脫當下……等等的改變，而改變後是否依然「專業」
是決定吉凶的關鍵？善加運用無論「有形物」或「無形物」皆有
所得！若運作失當，則與「地空、地劫」並沒有兩樣！

孤辰、寡宿

以生年支為主：前孤後寡

（1）生年支為亥、子、丑（三會）者，孤辰：寅、寡宿：戌

（2）生年支為寅、卯、辰（三會）者，孤辰：巳、寡宿：丑

（3）生年支為巳、午、未（三會）者，孤辰：申、寡宿：辰

（4）生年支為申、酉、戌（三會）者，孤辰：亥、寡宿：未

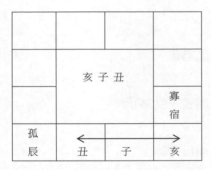

孤辰

（1）五行屬丙火，主孤高，為陽孤。

（2）固執、鬱悶、消極、孤單、男丁落單。

（3）入夫妻宮，則易分居、或分房，男落單。

（4）入子女宮，則多生女而男少。

（5）入父母宮，主母早亡，而父孤單。

（6）憂鬱症、自閉、不合群。

寡宿

（1）五行屬丁火，主寡合，為陰孤。

（2）神經質，氣悶。

（3）入夫妻宮，指夫妻聚少離多，女落單。

（4）入子女宮，則多生男而女少。

（5）入父母宮，主父早亡，而母守寡。

（6）癆傷、鬱卒、足不出戶。

PS：兩者皆為隔角煞、孤高、寡合，不喜熱鬧。

紅鸞、天喜

紅鸞、天喜互為對宮，以生年支取之。

紅鸞：起於卯宮，逆數生年支安之。

天喜：起於酉宮，逆數生年支安之。

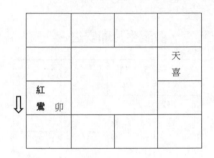 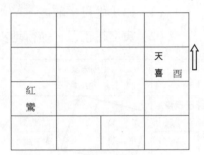

（1）天喜為壬水，紅鸞為癸水。

（2）主婚姻、喜慶之事。

（3）主血光時須見紅，可以紅包袋代之，或穿紅色衣褲。

（4）水坑、水道、魚缸。

（5）中年以後遇鸞喜主血光。

（6）見紅方可解鸞喜之血光。

（7）入運限之命宮、夫妻宮，可婚。

華蓋、陰煞

華蓋

（1）以「生年支」取之。

（2）辰起子年逆行四庫地，數至生年支安華蓋星。

陰煞

（1）以「生月」取之。

（2）寅宮起正月，逆行地支陽宮，數至生月即安之。

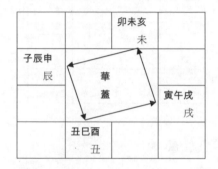

		卯未亥 未	
子辰申 辰	華 蓋		
			寅午戌 戌
	丑巳酉 丑		

	5，11 午		4，10 申
6，12 辰	陰 煞		
			3，9 戌
正，7 寅		2，8 子	

華蓋：

（1）為甲木，主威儀，如神明。

（2）孤高、神明、算命、玄學、藝術、宗教。

（3）入命有威嚴，與人不敢侵犯的感覺。

（4）又稱「小文昌」，好玄學、宗教、與神佛有緣。

（5）田宅有華蓋時，家中宜供奉神明，頗為受益。

（6）流日逢之，主入廟上香、或算命。

（7）逢華蓋之年，學命理，玄學進步神速。

莊嚴肅穆的……華蓋星

華蓋星……又稱「小文昌」，主聰明、學習能力佳，所入之宮，處事嚴明，態度莊嚴肅穆，不苟言笑。……。

又為「神明星」，對於有宗教信仰者，所入之宮表與其對應的神明有緣，當宮不順之時，除有形的自我努力以外，尚可求助於無形的神明，已達心靈上的寄託。而此神明當以個人的信仰為主，切勿「攀鑿附會」於邪魔歪道！

當入父母宮時，若遇考試，除了自身專業、課業的努力以外，亦可求助於掌管科考的「文昌帝君」及與科舉考試有關之諸神明！以安心！

若為無神論者，則此華蓋就表自己！「自己」就是心中的那尊「神」！換言之，就是對自己充滿自信的人，凡事靠自己即能搞定一切，且不拖泥帶水。

陰煞：

（1）為陽宮之餘氣，只入陽宮。

（2）在陽為小人，在陰為邪祟。

（3）華蓋為神明，陰煞為鬼靈。

（4）主喪事、受驚、意外、卡陰、卡煞。

（5）宜求神保佑平安，解煞。

（6）入疾厄宮時，若身體毛病醫生老是檢查不出？則求神問卜反而見效。

（7）為五鬼、邪祟。

（8）為點子星，突然冒出的靈感。

（9）起無明、莫名其妙。

起無名的……陰煞星

陰煞……只入陽宮（地支），在陽為「小人」，在陰為「邪祟」，又稱「五鬼星」所入之宮，易有「莫名其妙」的事件發生，摸不著頭緒，故為「起無明」。

陰煞所入之宮，亦可表易有新奇點子產生，應好好運用此特點。尤其在官祿宮，代表在工作上充滿了不錯的「靈感」可資創作，此靈感不是醞釀來的！也不是潛心思考而得！而是靈光乍現！突然興起的念頭或想法，是瞬間呈現出來的！且沒來由！

但應注意！陰煞若與紫微同宮，若卡陰、卡煞則收驚難奏效。 陰煞既為五鬼，當然只有靠華蓋（神明）來鎮壓囉！故田宅有陰煞者，家中宜供奉神明。官祿有陰煞者，則工作場所可供俸與行業有關的神明。

天刑、天姚

天刑

（1）以生月取之。

（2）酉宮起正月，順數至生月即安之。

天姚

（1）以生月取之。

（2）丑宮起正月，順數至生月即安之。

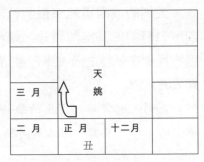

天刑：

（1）屬陽火，孤剋星，主刑夭孤獨。

（2）主刑傷、官非，於六親主無緣，在父疾線主小人。

（3）天刑主多，為業力星，與借貸有關，本金加利息故多。

（4）主刀、筆，為大刀、多刀、壓力、開刀、手術刀、教
　　鞭。

（5）主命學、火災、狗、男人。

（6）關卡，表許多階段性的難關等待突破。

（7）多與行事做為的因果業力有關。

（8）天刑所在之宮，為此生須還債之宮。

過關斬將的……天刑

天刑——為「業力星」，偏重勞力的付出，此乃為「因果」造成。所入之宮，往往有做不完的事，且付出的勞力與報酬不成比例，故天刑又主「多」。可說是「利上加利」、「利滾利」所造成有「還不完」的感覺！

同時又可釋為「關卡」，所入之宮將面臨重重的考驗，形同闖關！一旦，一關闖過一關，而且都能過關！則將否極泰來，否則一敗塗地。

天刑的成因可能來自前世、也可能來自幾個大限前、幾年前、幾月前、甚至前幾分、幾秒鐘所造的因，所以天刑所入之宮，凡是在執行之前，應考慮清楚所造成的後果為何？以免付出龐大的代價。

PS：天刑入財宮時，借出的錢將很難要回來。入官祿時，則有做不完的工作，且有「同工不同酬」不公平的感覺！

天姚：

（1）屬水，乃淫佚之星，主桃花、風流、風情萬種。

（2）玄媼星，為太陰之精。（媼ㄠˇ＝老婦人、地神）

（3）天姚與桃花、女人有關，且多與金錢掛勾。

（4）有異性緣、喜黏人、撒嬌、勾引異性、死性不改。

（5）習慣星，食髓知味，故須及早矯正，以便習以為常。

（6）主貓、鳥、女人、月事、衛生紙、女性荷爾蒙、感情。

（7）亦為關卡，但多與女人、金錢有關。

（8）與紫微同宮時為「桃花犯主」。

（9）若兄弟宮再逢巨門或貪狼，易有同父異母或同母異父之兄弟。

（10）若夫妻宮再逢煞、忌、破軍、貪狼、左輔、右弼等易
　　　 再婚。

風情萬種的……天姚

　　天姚……為「太陰之精」，又稱「玄媼（ㄠˇ）星」，即老婦
人之意，故一切女人該有的特質，天姚可是一一俱足，也是最懂
「女人」的一顆星。男人善用它，則在女人堆中無往不利！女人
發揮時，則傾倒眾生！故也易引起桃花糾紛！又為「桃花星」，
在此主「異性桃花」，所入之宮，即具有吸引異性的獨特氣質，
此特質由骨子裡散發出來，毫無嬌作。男生風流倜儻，女人風
情萬種，自然容易「招蜂引蝶」，故被冠上「桃花星」，實屬無
奈。

　　又為「習慣星」，天姚所入之宮，一旦養成的習慣，是很難
再改變的，因已深刻入骨、食髓知味，所以若有任何瑕疵、不良
癖好……等等，將很難糾正過來，故須從小就培養正確的習慣，
長大後自然行坐規矩。

　　亦為「業力星」，與天刑互為三合，偏重「財利」方面的
業力。所入之宮容易因故而引起財務糾紛，尤其又牽扯桃花問題
時，不僅花錢無法消災，甚至剪不斷、理還亂，此即「桃花劫」
不可不慎啊！若能善用與適度拿捏天姚的星性，反能因異性之助
而無往不利！

天哭、天虛

天哭

（1）以生年支取之。

（2）午宮起子年，逆數生年支，所落之宮即安之。

天虛

（1）以生年支取之。

（2）午宮起子年，順數生年支，所落之宮即安之。

簡記：「哭逆虛順」。

丑	子年 午	亥	戌
寅	逆數 天		酉
卯	哭		申
辰	巳	午	未

亥	子年 午	丑	寅
戌	順數 天		卯
酉	虛		辰
申	未	午	巳

天哭

（1）屬庚金，主哭喪、傷心、憂傷、懊惱、後悔、捶心肝。

（2）面無笑容，哭喪著臉、苦瓜臉、憂愁寡歡。

（3）運限逢之，則有哭喪難過之事。

（4）為黃泉星。

天虛

（1）屬己土，虛而不實、徒具虛名、謙虛、虛心受教。

（2）外強中乾、虛有其表、華而不實。

（3）亦為黃泉星。

PS：入命遷父疾主刑傷父母。

月馬、命馬

月馬

（1）以生月取之。

（2）申起正月，逆數四馬地，數至生月即安之。

命馬

（1）以生年支取之。

（2）寅起子年，逆數四馬地，數至生年支即安之。

2,6,10 巳	← 逆數	1,5,9 申	
	月 馬		
3,7,11 寅		4,8,12 亥	

卯未亥 巳			寅午戌 申
	命 馬		
子辰申 寅	逆數 →		丑巳酉 亥

月馬

（1）以生月取之，為月馬。

（2）動，主遷移，要動才有財，否則一事無成。

（3）被動，不得不動，為心不甘情不願，抽一鞭走一步。

（4）能不動就不動，有趕鴨子上架的感覺。

命馬

（1）以年支取之，為命馬。

（2）主財，主升遷，越動越有財，且其力道強。

（3）主動積極，心甘情願，為自發性的，愈動愈有勁。

（4）驛馬，不動就很難受。

十二長生

長生位

（1）取本命盤命宮干、支之五行局。

（2）金四局在巳宮

　　　水二局在申宮

　　　火六局在寅宮

　　　土五局在申宮

　　　木三局在亥宮

- 長生位起，陽男陰女「順行」十二宮並按順序排十二長生。

- 長生位起，陰男陽女「逆行」十二宮並按順序排十二長生。

金長生 巳	午	未	水，土長生 申
辰	十 二 長 生		酉
卯			戌
火長生 寅	丑	子	木長生 亥

（1）長生：主生發，生命力強、有幹勁、有動能。

（2）沐浴：主桃花、除垢、與異性有關，喜入夫妻宮。

（3）冠帶：主喜慶、升遷、名聲、權威、肯定。

（4）臨官：主喜慶、升遷、自主性強、強勢能掌控。

（5）帝旺：主壯盛、獨當一面、有權有勢、傲骨、氣概、茂盛。

（6）衰：主衰敗、無活力、沉悶、消散、怠惰、沒落。

（7）病：主災病、有氣無力、使不上力、無恆心、心有餘而力不足。

（8）死：主敗亡、刑傷、官非、破耗、疾病、不動、結束。

（9）墓：主收藏、停止、呆滯、守持、喜入財、官、田、福。

（10）絕：主滅絕、消失、斷絕、湮滅、失傳，喜入疾厄、災劫等宮。

（11）胎：主喜、孕育、形成、未來性，喜入夫妻、子女等宮，入疾厄則病不斷。

（12）養：主福、依賴、成長、培植，喜入命身！少運、中運得以扶植。

訣云：老怕生旺，少怕衰，中年只怕墓絕胎。

「主星」與「副星」的釋象

　　紫微斗數中，所有的主、副星，其星性都是多元的，所以相對於所要詮釋的人、事、地、物來說，自然有各式各樣的詮釋方式！有正向的解釋，也有負面的解釋，這差別在於「星性」的選擇與應用，是否符合當下狀況的運作？所以相同的一顆星，同時具備了「正能量」與「負能量」！而到底所呈現的是「正能量」呢？還是「負能量」？這關鍵就在於當下所取用的「星性」為何？

　　主星：十四顆主星的入盤與一般副星入盤所取用的條件並不相同！十四顆主星是依據命造的「生日（表個人）」與「命宮局數」所定！所以這十四顆主星在盤中的分佈，詮釋著命造非常【主觀】的意識形態與行事作為，而這些意識形態與行事作為的表現，往往藉由「四化」的驅動，而一一展現出來！所以絕大多數的主星，皆有參與四化的運作，也因為有「四化」的引動，才有「行為運作」的產生，進而對此行為運作產生吉、凶的評價（感覺好或壞）！

　　也就是四化中的 祿、權、科、忌！所以老饕認為「四化」乃是命造內心「感受度」的區別！故常聽先進說，「忌」為「己心」！也就是指命造「自己心中的感受」，「忌」是如此！「祿、權、科」又何嘗不是呢！既然如此，不論是祿也好、忌也罷！只要「心態調整」，則必能減輕四化所造成的不良影響，吉凶自取！故「心轉，則運開」！改運不過如此，何須求人！

　　副星：除十四顆主星以外的「副星」，雖高達上百顆，也分等級！但實際論命時，即使再小的一顆星，也可能造成「翻盤」的巨大作用！也不能等閒視之哦！有道是：「一顆老鼠屎，也會壞了一鍋粥」！不過，在實務經驗上，並不會用到全盤上百顆副星，而究竟要用多少顆副星才足夠論一張盤呢？一般都會依照論命者的個人習慣用法來選擇「副星」！少則不到十顆！最多則佈滿全盤囉！

　　副星的安星法則有取自生年干、生年支、生月、生時者，也有取自運限干、支者，其「副星星性」的釋象，必須依附在「主星星性」的規範之下，即使是「空宮」，也應以「論空宮的法則」中，所屬主星的星性為主，副星為輔，千萬不可主、從不分！而副星的功能，除了能更細膩的描述主星的星性特質以外，也能描繪出當宮所處的宮性環境為何？所用的副星越多，則越細膩！副星多則一百餘顆，但實際論命時，未必會每顆副星都會用上，可依個人習慣與嗜好加減使用，甚至完全不用者也大有人在，此與論命的精準度無關，只是在釋象上較為細膩而已。

主星與副星的差別

紫微斗數的命盤，是由「宮」、「星」、「化」三大類組合而成！其中「星」的種類又可分為「主星」與「副星」二大類。

主星

是指「紫微星系」中的紫微、天機、太陽、武曲、天同、廉貞 等六顆主星。還有「天府星系」中的 天府、太陰、貪狼、巨門、天相、天梁、七殺、破軍 等八顆主星。

以上這十四顆主星，當然以紫微星（帝星）為首，依命盤中「命宮」的局數，與命造的「生日（我）」條件來定紫微坐宮，待紫微定，其餘十三顆主星則依序入定位，故古書云：「帝居動，則列宿奔馳！」由安星的條件可知，這十四顆主星正是從各個角度（十二宮）來詮釋命宮的本性與特質，而這些主星對於命宮來說，是十分「主觀」的！至於這些主星給予命宮的感受是吉？是凶？是好？是壞？就可以從祿、權、科、忌 的介入而有明顯的感受！且這四化，乃是主星所專有的（包含左、右、昌、曲）！其餘副星可是不參與四化的哦！所以同時也說明「四化」是命宮對某件事物的「自我感受」如何？這是非常主觀的感受，相同的案件，對於不同的人來說，雖然相同是「忌」！有的感受到辛苦又難熬！但也有吃苦當吃補，苦中作樂的也大有人在，未必為苦！

副星

又可分為詮釋「主星」與詮釋「宮氣」二大類！

（1）詮釋「主星」者

其安星法則必取自命造的「生辰八字」中，一或二項條件而安之（大都取年、月、時）。這些副星，絕大多數皆來自於命造的周遭環境及條件，而賦予的星性，為了加強或削減「主星」的星行特質！如：左輔、右弼、文昌、文曲、羊刃、陀羅、火星、鈴星、地空、地劫、紅鸞、陰煞……等等皆是屬於此類的副星。這些副星與主星一樣，皆可以受命宮之人所掌控與運作，所以在解釋副星星性時，必須依附在「主星的星性」規範下，否則就會造成主從不分！甚至牛頭不對馬嘴的窘境！

（2）詮釋「宮氣」者

其安星法則與生辰八字無關！如：十二長生、生年博士十二神、流年將前星……等等皆屬於此類。此類的副星乃是在詮釋當宮所存在的環境為何？這是命宮之人所面對的環境，是沒有選擇的餘地！只有被動的接受與面對，是無法掌控的環境！

星性該如何解讀

十二宮職所代表的是先天環境、執事範圍！為「體」！而宮中的主、副星，則是藉由不同的「星性」特質來詮釋、形容此宮職的「特性」！不過每顆星的星性頗多！該取何種「星性」詮釋「當宮」？是必須經過篩選，才能做出「最恰當」的詮釋！並非所有星性皆適用「當宮」！如此才不會造成牛頭不對馬嘴的窘境！甚至不合邏輯！所以星性的詮釋必須在「宮職」所管轄的「宮性」範圍中詮釋！也就是「宮性決定星性」！

每顆主、副星的星性皆無吉無凶！所以實際上並沒有所謂的「吉星」、「凶星」的區別！一般時下所認定的凶、煞星！只不過是「星性特質」較為激進、暴衝、烈化而已！未必造成當宮的「凶象」？同理！所謂的「吉星」，也未必不會製造麻煩與困擾？故所有的「星」只要在「當宮」都能發揮其「適當且正向」的星性特質，使命造運勢得以平順，甚至步向高峰！就是「吉星」！

此外，每顆主、副星的「基本星性」是永遠不變的！但隨著時代的變遷，「星性的引伸與應用」卻是無窮無盡的！所以只要對「基本星性」能深入了解與體會，則在時代不斷進步，與改變的日常生活當中，萬事萬物皆能以適當的「星性」加以詮釋其特質！即便每個人對星性的瞭解程度不同，對同一事物採取不同的星性釋象，那也是因為「觀、釋角度」的不同所致，皆可取用，並無對錯的問題！只因各人對星性的體會不同罷了！

當要詮釋「某宮」時，「主星」就像是形容此宮特質與特性的「形容詞」，而「副星」則是加強主星星性的「副詞」！藉

由主、副星的詮釋，即可對此「某宮」做更加細膩的描述！即便是「空宮」，也能藉由三合方（三三歸一）的主星由「不同的角度」來詮釋此「空宮」的特質。

例如：天機（主星）、文曲（副星）坐兄弟宮！

兄弟「宮」：可論兄弟、互動、夫妻間等宮性，指範圍、環境。

天機「星」：可為齒輪、軸心、智慧、擅長、設計、善心……等星性，此為命造在「兄弟宮」所涵蓋的範圍內，所表現出來的互動行為或選擇。

當兄弟宮論「親兄弟（六親）」時，若取齒輪、軸心來詮釋兄弟！未免讓人摸不著頭？不知所云？但若取智慧、擅長、設計、善心 等星性，則讓人輕易理解此親兄弟在命造眼中，是什麼個性的人？而「文曲」則是加重形容此天機的星性特質，因文曲為「才藝星」，故可以形容此天機的智慧、擅長、設計都加入了個人才藝的展現！

當兄弟宮論「互動（行為）」時，則齒輪可引申為彼此間的往來互動如齒輪般「不斷磨合」！當與文曲同宮時，則文曲可形容一而再、再而三不斷的循環，再加上天機如齒輪般的「不斷（文曲）磨合（天機）」！表示更加深了磨合的程度！當然也可以取文曲星才藝的星性，結合天機，可釋為運用彼此的才藝來增進彼此的互動與溝通。除此以外，尚有許多種不同的釋象方式哦！

即便如此，十二宮有主、副星的完美詮釋宮象！但，畢竟只是現象而已，有可能是「實象」？但也可能是「虛象」？！就好比我們去看樣品屋一樣，有隔間、有電視、冰箱、家具……等等，但這些 電視、冰箱、家具（主星）等設備有可能某些只是「模

型」而已，並無真實的功能存在，我們只能依靠這些模型，「想像」轉換成實體時的「模擬狀態」！……

此時，若某顆主星有「四化」的引動，則表示這些電視、冰箱、家具（主星）等設備，乃是「貨真價實的家具設備」，一旦「啟動開關」，身體即能「親身感受」到這些設備，所呈現出來的各項功能！當我們對於這些功能的展現，「感受」到舒服滿意的時候，就以「祿、權、科」來分級表達，若感覺既不滿意、也不舒服，則以「忌」來標示！也由此來表示此宮的「吉凶」狀態？

由上可知，若無四化入「某宮」或入其三合，則此「某宮」並無詮釋的必要！因為其純粹只是「虛象」而已！「無法感受」宮中主、副星的星性影響力，故也感受不到吉凶！所以論盤時，只要依據「問事太極」所引動的四化，祿、權、科、忌所串聯的「宮」與「星」，即能完整的詮釋此太極的來龍去脈！並能判斷是吉？還是凶？

除此，若當宮尚有其餘的副星，則必須全部列入詮釋，所以宮中星越多，則所詮釋的宮性就越精緻！既然星曜「同宮」，就表示當宮即擁有該星所具備的專有星性，並不會因為當宮其他星曜的特性相違背，而遭「消滅」！但會因為星性的強弱而互有消長！所以同宮的星與星之間，彼此皆是共存的狀態。

星性與官祿

紫微：主管、領導者、老闆、獨立作業、財經、政治、行政
　　　助理、廣告、貿易、公務員。

天機：程式設計、研發、分析師、祕書、外務員、參謀、作
　　　家、發明家、運動員、技師、企管、駕駛員、司機、
　　　操作員、宗教。

太陽：大眾傳播、社會服務、政治、外交、教師、民代、公
　　　務員、仲介服務、業務員。

武曲：金融、理專、採購、軍警、建築、工業製造、技術
　　　員、老闆、保全、當舖、推拿。

天同：服務業、小吃、冷飲、與小孩有關的行業、調度、代
　　　書、雜貨店。

廉貞：行政、軍警、教育、法官、律師、公務員、服裝設
　　　計、殯葬業、棺材店、倉管、電子業、通訊業、文
　　　書、資料處理。

天府：銀行員、理專、老闆、百貨業、工業製造、高級主
　　　管、主持、道士。

太陰：金融、會計、財經、土地代書、商業代理、管理、百
　　　貨代理、經濟行政、公務員、企管、清潔公司、保
　　　母、房地產。

貪狼：公關、藝術設計、美術、自由業、演員、表演者、八
　　　大行業、夜總會、歌劇院、舞廳、生物科技。

巨門：民代、講師、教授、外交、大眾傳播、心理醫師、法
　　　醫、保險、專家、研究員、研究所、律師、法官、法

院、攝影、古董、寶石、二手貨、租賃、以口為業、評審、鑑定、徵信社、記者、石化業。

天相：文書、幕僚、服務業、司法、行政、技術研究、金融銀行、公務員、服裝業、印刷、油漆、美容、化妝品、攝影、婚紗業、人頭戶、包裝、園藝造景、仲介、公關公司。

天梁：教授、顧問、人事、會計財務、公務員、文化業、醫師、學術教育、司法、監察、宗教家、木材業、林木業，養老院。

七殺：軍警、保警、律師、主管、特勤人員、保鑣、主管、工廠實業、生產製造、管理員、設計研發、特派員、狗仔、支援單位、約聘人員、與時機有關的行業。

破軍：建築、裝潢、園藝、民代、業務、設備工程師、環保、重機駕駛、生化科技、化學工業、工程人員、軍警、海巡、二手、資源回收、拆解組裝業、運輸業。

諸星坐宮亮度廟旺失陷的影響為何

　　紫微斗數中所有的主、副星在每個「宮位」中，皆有一定的影響力！而「此星」影響「此宮」的「力道」有多強？就以 廟、旺、得地、利益、平、不得地、陷 等七個等級細分！但就每個人對自己命盤中每顆星的運作，真如坐「廟、旺」則此宮一直旺旺來？坐「陷地」則一輩子翻不了身？當然不是囉！

　　居廟、旺宮位的「星」，在當宮自然能盡情發揮其「星性」的影響力！但，每顆星的星性皆有其「正向」與「負面」的星性！若此星居廟、旺，且其所發揮的星性使當宮為「正向」者，則此宮當然一路旺！旺！旺！……但若此星雖居廟、旺，而其所發揮的星性使當宮反為「負面」者，則此宮所遭受的傷害也必定不小！故「星性」的適當運作才是決定吉、凶的關鍵！而非諸星坐宮的亮度！

　　以「太陽」為例：太陽居「午」宮時，亮度為「旺」，是為「日麗中天」，此時的太陽是最亮的時候，最能有效發揮才能的時候！雖如此，午宮的太陽若不能適度的控制星性所發揮的「力道（如：太陽忌）」！則容易造成「功高震主」的不良後果！因其對宮為「天梁」！想想，正午的太陽（旺）亮度過於刺眼，對面老人家（天梁）怎麼受得了啊！

　　相反的，若太陽居「亥」宮時，為「陷」，是為「失輝」！此時的太陽若想發揮其才能，即使全力以赴，所展現的成效也不易達到目標！甚至功虧一簣！但，若「勤能補拙（如：太陽祿）」！付出高於一般人二倍、三倍甚至更多的心力！失輝的太陽依然可以「功成名就」！所以諸星坐宮亮度並不能決定此宮的吉、凶！

宮性的運用與延伸

轉宮

　　紫微斗數盤中只有十二宮，命宮為太極時，其餘十一宮皆可詮釋命宮。若令夫妻宮為太極時，則命宮與其他十宮也可詮釋夫妻宮，由此可知宮宮皆可為太極，每宮皆有其餘之十一宮可詮釋，故總共有一四四種不同的宮性，此為「轉宮」。

　　除此，「轉宮」除了從本命十二宮皆可藉由「一轉」而達一四四種宮性以外！尚可藉由「二轉」、甚至「三轉」而達到所需的宮性！所以藉由「轉宮的特性」，宮性是無窮盡的！豈止一四四宮而已！例如：「疾厄宮」，可論「父之夫之財」！其中「一轉」為「父之夫」為母親位（兄弟宮），所以「（父之夫）之財」＝「兄弟（母親）之財」，此為「二轉」，所以疾厄宮可論命造眼中與母親之間的財務關係！

兄弟宮的轉宮

令兄弟宮為太極（兄之命）時：則以本命盤的兄弟宮設為命宮（兄之命），並依序逆佈兄之兄（夫）、兄之夫（子）、兄之子（財）……等其餘十一宮。

巨 兄 巳	相廉 命 午	梁 父 未	殺 福 申
貪 夫 辰	本命盤		同 田 酉
陰 子 卯			武 官 戌
府紫 財 寅	機 疾 丑	破 遷 子	陽 友 亥

巨 兄之命 兄 巳	相廉 兄之父 命 午	梁 兄之福 父 未	殺 兄之田 福 申
貪 兄之兄 夫 辰	兄弟盤		同 兄之官 田 酉
陰 兄之夫 子 卯			武 兄之友 官 戌
府紫 兄之子 財 寅	機 兄之財 疾 丑	破 兄之疾 遷 子	陽 兄之遷 友 亥

兄弟宮

兄之命：互動、夫妻間、夥伴、親兄弟、同伴、同質……。

兄之兄：兄弟的互動、夫妻間的搭配……。

兄之夫：兄弟的配偶、夫妻間的親密關係……。

兄之子：兄弟的小孩、兄弟的桃花、同伴的情人……。

兄之財：夥伴的財務狀況、互動的損益、夫妻間的現實面……。

兄之疾：兄弟的本質、夥伴的身體狀況、夫妻間的心結……。

兄之遷：兄弟的表現、互動的提升……。

兄之友：兄弟的人脈、同伴的轉換、兄弟的轉變……。

兄之官：互動方式、兄弟的事業、夥伴的作風、同伴的活
　　　　力……。

兄之田：兄弟的資產、同伴的家庭、互動的結果……。

兄之福：兄弟的嗜好、同伴的壓力、夫妻間的感覺……。

兄之父：兄弟的上司、夥伴的情緒、同伴的文憑……。

夫妻宮的轉宮

令夫妻宮為太極（夫之命）時：則以本命盤的夫妻宮設為命宮（夫之命），並依序逆佈夫之兄（子）、夫之夫（財）、夫之子（疾）……等其餘十一宮。

巨 兄 巳	相廉 命 午	梁 父 未	殺 福 申
貪 夫 辰	本命盤		同 田 酉
陰 子 卯			武 官 戌
府紫 財 寅	機 疾 丑	破 遷 子	陽 友 亥

巨 夫之父 兄 巳	相廉 夫之福 命 午	梁 夫之田 父 未	殺 夫之宮 福 申
貪 夫之命 夫 辰	夫妻盤		同 夫之友 田 酉
陰 夫之兄 子 卯			武 夫之遷 官 戌
府紫 夫之夫 財 寅	機 夫之子 疾 丑	破 夫之財 遷 子	陽 夫之疾 友 亥

夫妻宮

夫之命：配偶、另一半、親密關係、一生伴侶、陰陽合……。

夫之兄：配偶的互動、配偶的兄弟、另一半的夥伴……。

大之夫：配偶的另一半、配偶的另一面、另一半的配偶……。

夫之子：配偶的桃花、另一半的學習狀況、配偶的投資……。

夫之財：配偶的財力、配偶的身價……。

夫之疾：另一半的心思、配偶的毛病、另一面（陰面）的本質……。

夫之遷：配偶的表現。（升遷、目標、方向、前途）……。

夫之友：配偶的人際關係、另一半的改變……。

夫之官：另一半的事業（行為）、配偶的動能……。

夫之田：配偶的財庫、另一半的資產、另一半的歸宿……。

夫之福：另一半的福份、配偶的興趣、配偶的壓力……。

夫之父：配偶的長輩、配偶的貴人、另一半的情緒……。

子女宮的轉宮

　　令子女宮為太極（子之命）時：則以本命盤的子女宮設為命宮（子之命），並依序逆佈子之兄（財）、子之夫（疾）、子之子（遷）……等其餘十一宮。

巨	相廉	梁	殺		巨	相廉	梁	殺
					子之福	子之田	子之宮	子之友
兄 巳	命 午	父 未	福 申		兄 巳	命 午	父 未	福 申
貪	本		同		貪	子		同
	命				子之父	女		子之遷
夫 辰	盤	田 酉			夫 辰	盤	田 酉	
陰			武		陰			武
					子之命			子之疾
子 卯		官 戌			子 卯		官 戌	
府紫	機	破	陽		府紫	機	破	陽
					子之兄	子之夫	子之子	子之財
財 寅	疾 丑	遷 子	友 亥		財 寅	疾 丑	遷 子	友 亥

子女宮

　　子之命：子女、學生、遊戲、情人、學習、增加、延續、利息、股東、桃花、性事、投資……。

　　子之兄：情人的互動、部屬的往來、子女的夫妻關係……。

　　子之夫：子女的配偶、部屬的親密夥伴、情人的親密夥伴……。

　　子之子：子女的學習、投資的利潤、學習投資、情敵……。

　　子之財：子女的價值觀、投資的損益、學習的價值……。

　　子之疾：投資的本質、子女的心思、性病、情人的心事、子女的健康……。

　　子之遷：投資的方向、學習的目標、學習的提升……。

子之友：情人的轉變、部屬的溝通能力、學習的改變、換
　　　　花……。

子之官：學習的動能、子女的行為、投資的運作……。

子之田：利息的累積、情人的歸宿、學習的環境……。

子之福：子女的福份、情愛的享受（壓力）、學習的樂
　　　　趣……。

子之父：學習的成果、投資的開端、啟蒙老師、情人的情
　　　　緒……。

財帛宮的轉宮

令財帛宮為太極（財之命）時：則以本命盤的財帛宮設為命宮（財之命），並依序逆佈財之兄（疾）、財之夫（遷）、財之子（友）……等其餘十一宮。

巨　　兄 巳	相廉　　命 午	梁　　父 未	殺　　福 申
貪　　夫 辰	本命盤		同　　田 酉
陰　　子 卯			武　　官 戌
府紫　財 寅	機　　疾 丑	破　　遷 子	陽　　友 亥

巨 財之田　兄 巳	相廉 財之官　命 午	梁 財之友　父 未	殺 財之遷　福 申
貪 財之福　夫 辰	財帛盤		同 財之疾　田 酉
陰 財之父　子 卯			武 財之財　官 戌
府紫 財之命　財 寅	機 財之兄　疾 丑	破 財之夫　遷 子	陽 財之子　友 亥

財帛宮

財之命：動產、利益、現實面、損益‧價值、價值觀、現
　　　　金……。

財之兄：動產的往來、損益的分配、價值觀的密切交
　　　　流……。

財之夫：兼職（以賺錢為主）、潛在的價值、動財的另一項
　　　　來源……。

財之子：現金的利息、附加價值、價值觀的延伸……。

財之財：價值觀的利益、收支的損益……。

財之疾：財務的本質、財務的問題、價值觀的問題……。

財之遷：動產的去向、價值觀的提升、價值觀的表現……。

財之友：動產的移轉、財務的往來、價值觀的改變……。

財之官：財務的運作、價值觀的推動、經濟的行為、週
　　　　轉……。

財之田：動產的累積、保險櫃、財位、儲蓄……。

財之福：花錢之所、財務的壓力……。

財之父：財源的開創、價值的認定、利益的爭取……。

疾厄宮的轉宮

　　令疾厄宮為太極（疾之命）時：則以本命盤的疾厄宮設為命宮（疾之命），並依序逆佈疾之兄（遷）、疾之夫（友）、疾之子（官）……等其餘十一宮。

巨 兄 巳	相廉 命 午	梁 父 未	殺 福 申
貪 夫 辰	本命盤		同 田 酉
陰 子 卯			武 官 戌
府紫 財 寅	機 疾 丑	破 遷 子	陽 友 亥

巨 疾之宮 兄 巳	相廉 疾之友 命 午	梁 疾之遷 父 未	殺 疾之疾 福 申
貪 疾之田 夫 辰	疾厄盤		同 疾之財 田 酉
陰 疾之福 子 卯			武 疾之子 官 戌
府紫 疾之父 財 寅	機 疾之命 疾 丑	破 疾之兄 遷 子	陽 疾之夫 友 亥

疾厄宮

　　疾之命：疾病、本質、體質、內在、心思、災厄、身　　　　　　體……。

　　疾之兄：心思的互動、疾病的傳染模式、舊病復發……。

　　疾之夫：心思的另一面、無形病……。

　　疾之子：疾病的擴散、心思的延續，鑽牛角尖……。

　　疾之財：身體的價值、疾病造成的損害，智慧財……。

　　疾之疾：內心深處、疾病的病變、身體的體質、惡化……。

　　疾之遷：心思的表現、身體的外在表現、外貌……。

　　疾之友：疾病的轉變、心思的改變、併發症……。

　　疾之官：行為舉止、心思的表現、體能……。

　　疾之田：心思的歸屬、心結、疾病的累積……。

疾之福：心靈的壓力、身體的享受……。

疾之父：疾病的遺傳、心思的開發、病因、體質遺傳……。

遷移宮的轉宮

　　令遷移宮為太極（遷之命）時：則以本命盤的遷移宮設為命宮（遷之命），並依序逆佈遷之兄（友）、遷之夫（官）、遷之子（田）……等其餘十一宮。

巨	相廉	梁	殺
兄 巳	命 午	父 未	福 申
貪	本		同
夫 辰	命 盤		田 酉
陰			武
子 卯			官 戌
府紫	機	破	陽
財 寅	疾 丑	遷 子	友 亥

巨 遷之友	相廉 遷之遷	梁 遷之疾	殺 遷之財
兄 巳	命 午	父 未	福 申
貪 遷之官	遷		同 遷之子
夫 辰	移 盤		田 酉
陰 遷之田			武 遷之夫
子 卯			官 戌
府紫 遷之福	機 遷之父	破 遷之命	陽 遷之兄
財 寅	疾 丑	遷 子	友 亥

遷移宮

　　遷之命：方向、外在的表現、驛動、升遷、提升……。

　　遷之兄：外出時的夥伴……。

　　遷之夫：在外的親密伴侶……。

　　遷之子：自我提升的學習、在外的桃花、外出旅遊……。

　　遷之財：在外的現金活動、能力表現的評價……。

　　遷之疾：升遷的障礙、表現的困難點……。

　　遷之遷：行為表現的提升、升遷的管道、在外的表現……。

　　遷之友：方向的改變、外在表現的人氣……。

　　遷之官：自我提升的方法、行事作風的氣勢、提升的動力……。

　　遷之田：外在的環境、外在的資源、行館……。

遷之福：升遷的機會、在外的精神壓力……。

遷之父：護照、通行證、提拔的貴人、升遷通關的文憑證
件……。

交友宮的轉宮

令交友宮為太極（友之命）時：則以本命盤的交友宮設為命宮（友之命），並依序逆佈友之兄（官）、友之夫（田）、友之子（福）……等其餘十一宮。

巨 兄 巳	相廉 命 午	梁 父 未	殺 福 申
貪 夫 辰	本命盤		同 田 酉
陰 子 卯			武 官 戌
府紫 財 寅	機 疾 丑	破 遷 子	陽 友 亥

巨 友之遷 兄 巳	相廉 友之疾 命 午	梁 友之財 父 未	殺 友之子 福 申
貪 友之友 夫 辰	交友盤		同 友之夫 田 酉
陰 友之官 子 卯			武 友之兄 官 戌
府紫 友之田 財 寅	機 友之福 疾 丑	破 友之父 遷 子	陽 友之命 友 亥

交友宮

友之命：轉換、改變、朋友、人際關係、人脈……。

友之兄：與一般人的互動、朋友的知己、朋友的婚姻關係……。

友之夫：朋友的配偶、朋友的親密伴侶……。

友之子：人脈的延伸、朋友的部屬、人際關係的投資……。

友之財：眾生財、改變的代價、人脈的利益、人脈的代價……。

友之疾：朋友的心思、改變的瓶頸、人緣的問題點……。

友之遷：人際關係的提升、改變後的方向、朋友的表現……。

友之友：朋友的轉換、人際關係的改變、災劫的改變、轉運……。

友之官：改變的動力、人脈的經營、朋友的事業……。

友之田：人脈的累積、朋友的家、改變的環境……。

友之福：朋友的精神狀態、人氣……。

友之父：人脈的擴展、朋友的上司長輩、朋友的文憑……。

官祿宮的轉宮

　　令官祿宮為太極（官之命）時：則以本命盤的官祿宮設為命宮（官之命），並依序逆佈官之兄（田）、官之夫（福）、官之子（父）……等其餘十一宮。

巨 兄 巳	相廉 命 午	梁 父 未	殺 福 申
貪 夫 辰	本命盤		同 田 酉
陰 子 卯			武 官 戌
府紫 財 寅	機 疾 丑	破 遷 子	陽 友 亥

巨 官之疾 兄 巳	相廉 官之財 命 午	梁 官之子 父 未	殺 官之夫 福 申
貪 官之遷 夫 辰	官祿盤		同 官之兄 田 酉
陰 官之友 子 卯			武 官之命 官 戌
府紫 官之宮 財 寅	機 官之田 疾 丑	破 官之福 遷 子	陽 官之父 友 亥

官祿宮

　　官之命：事業、行事作風、工作能力、氣數位、動能……。

　　官之兄：事業的往來、工作上的互動、行為上的往來、關係企業、公司的內部作業（官之疾之官）……。

　　官之夫：兼職（工作為主）、工作上的搭擋……。

　　官之子：職員、子公司、下游廠商、工作上的學習、辦公室戀情、事業上的投資、連鎖店、客戶……。

　　官之財：工作的酬勞、公司的週轉金、資金……。

　　官之疾：工作上的問題、職業病、公司的體制、公司的弊病……。

　　官之遷：工作的目標、行為的展現、公司經營方向……。

官之友：事業的轉變、公司的聲譽、行為的改變、同行……。

官之官：事業的運作、工作的能力、工作的推動……。

官之田：企業的資產、能量的儲存、工作的累積……。

官之福：工作興趣、工作壓力、工作態度……。

官之父：職場長官、事業的開創、工作證、在職證明、總公司……。

田宅宮的轉宮

令田宅宮為太極（田之命）時：則以本命盤的田宅宮設為命宮（田之命），並依序逆佈田之兄（福）、田之夫（父）、田之子（命）⋯⋯等其餘十一宮。

巨 兄 巳	相廉 命 午	梁 父 未	殺 福 申
貪 夫 辰	本命盤		同 田 酉
陰 子 卯			武 官 戌
府紫 財 寅	機 疾 丑	破 遷 子	陽 友 亥

巨 田之財 兄 巳	相廉 田之子 命 午	梁 田之夫 父 未	殺 田之兄 福 申
貪 田之疾 夫 辰	田宅盤		同 田之命 田 酉
陰 田之遷 子 卯			武 田之父 官 戌
府紫 田之友 財 寅	機 田之官 疾 丑	破 田之田 遷 子	陽 田之福 友 亥

田宅宮

田之命：家、財庫、團體、歸宿、累積、陽宅、場所、環境⋯⋯。

田之兄：家庭的互動、不動產的往來、組織間的互動⋯⋯。

田之夫：有價證券、所有權、團體中的夫妻檔、金屋藏嬌、陰宅⋯⋯。

田之子：資產的附加價值、房地產投資、團體中的成員⋯⋯。

田之財：不動產的價值、家的財運、資產總額，財庫位⋯⋯。

田之疾：財庫的問題、家庭問題、陽宅的問題⋯⋯。

田之遷：搬家、財庫外移、前院……。

田之友：換屋、家族的聲譽、財庫的轉換……。

田之官：家族企業、財庫的運作、組織的運作、資產管理……。

田之田：不動產的累積、組織中的派系……。

田之福：與家緣分的好壞、財庫的福份、家人的闔樂……。

田之父：家族長輩、不動產的權狀、財庫的開創、資產的繼承……。

福德宮的轉宮

令福德宮為太極（福之命）時：則以本命盤的福德宮設為命宮（福之命），並依序逆佈福之兄（父）、福之夫（命）、福之子（兄）……等其餘十一宮。

巨 兄 巳	相廉 命 午	梁 父 未	殺 福 申
貪 夫 辰	本命盤		同 田 酉
陰 子 卯			武 官 戌
府紫 財 寅	機 疾 丑	破 遷 子	陽 友 亥

巨 福之子 兄 巳	相廉 福之夫 命 午	梁 福之兄 父 未	殺 福之命 福 申
貪 福之財 夫 辰	福德盤		同 福之父 田 酉
陰 福之疾 子 卯			武 福之福 官 戌
府紫 福之遷 財 寅	機 福之友 疾 丑	破 福之官 遷 子	陽 福之田 友 亥

福德宮

福之命：緣分、精神面、享受、壓力、興趣、因果……。

福之兄：福報的互動、享受夫妻間的事……。

福之夫：壓力的轉化、福份的另一面……。

福之子：精神桃花、緣分的延續、壓力的延伸、興趣的延伸……。

福之財：蔭財、享受的代價、興趣的價值……。

福之疾：精神病、壓力的癥結、家族的遺傳疾病、因果病……。

福之遷：壓力的釋放、精神面的提升、嗜好的呈現……。

福之友：壓力的轉換、因果的轉嫁、緣分的交替……。

福之官：緣起緣滅、神明的工作、興趣的執行……。

福之田：種福田、陰德的累積、精神的寄託、祖墳、喜歡的
環境⋯⋯。

福之福：精神上的壓力、與祖先的緣分⋯⋯。

福之父：因果的傳承、緣分的開始⋯⋯。

父母宮的轉宮

令父母宮為太極（父之命）時：則以本命盤的父母宮設為命宮（父之命），並依序逆佈父之兄（命）、父之夫（兄）、父之子（夫）……等其餘十一宮。

巨　　兄 巳	相廉　　命 午	梁　　父 未	殺　　福 申
貪　　夫 辰	本命盤		同　　田 酉
陰　　子 卯			武　　官 戌
府紫　　財 寅	機　　疾 丑	破　　遷 子	陽　　友 亥

巨 父之夫 兄 巳	相廉 父之兄 命 午	梁 父之命 父 未	殺 父之父 福 申
貪 父之子 夫 辰	父母盤		同 父之福 田 酉
陰 父之財 子 卯			武 父之田 官 戌
府紫 父之疾 財 寅	機 父之遷 疾 丑	破 父之友 遷 子	陽 父之官 友 亥

父母宮

父之命：長輩、長官、開創、承先啟後、文書、證照、貴人……。

父之兄：資源的往來、叔伯、情緒的互動……。

父之夫：母親、老闆娘、師娘……。

父之子：情緒的延伸、父親的投資、老爸的情人、同父之手足……。

父之財：文書財、證照的行情、老闆的身價。……

父之疾：父親的身體、文書的瑕疵、傳承的弊病……。

父之遷：情緒的表達、心境的提升、證照升級……。

父之友：心情的轉變、老闆的人脈、證照的轉讓……。

父之官：開創的動能、傳承的事業、父親的事業、繼承事業……。

父之田：情緒的積壓、開疆拓土、證照的累積、父之財庫……。

父之福：心情的焦點、父親的精神狀態、長官的嗜好、老闆的壓力。

父之父：祖先、代代相傳、祖父、父親的證照、老闆的情緒……。

命盤中「六親宮」可推算出六親的真正「運勢曲線」嗎

　　一般而言，命盤的十二宮職中，兄弟、夫妻、子女、交友、福德、父母等，就「狹義」的宮性中，可論與自己關係較為密切的六親以外！尚有「廣義」的六親宮性可探討！「廣義」的六親，在此先不贅述！就命盤的十二宮，相信藉由每宮的字面意義，就能了解當宮所代表的六親是誰？如：父母宮當然就是指命造的「雙親」，兄弟宮就是指「兄弟姊妹」，夫妻宮即是「配偶」，子女宮就是命造的「小孩」，交友宮就是指「一般朋友」，福德宮指「祖父母以上」等，這些是與命造血緣較為親近或互動較為頻繁的「六親」！

　　然而這些六親宮位，真能代表此六親的「真正特質與屬性」嗎？其實不然哦！命盤的六親宮中的主、副星與四化所呈現的「現象與特質」！只是代表「命造」眼中所「認定」與「感受」到的「六親」而已！並不能完整的詮釋此六親的真正本質哦！

　　例如：

　　某甲的父母宮天同化祿，則表示某甲眼中的父母是個非常愛護小孩，且寬容度高的「父母」！……在此同時，某甲的弟弟為某乙，而某乙的父母宮巨門化忌，則表示某乙眼中的父母是個愛嘮叨，且不通人情的頑固「父母」！在此，兩兄弟所面對的是「同一對」父母！但彼此對父母的「認定」與「感受」卻全然不同！試問！那父母親「真正的特質」是以「某甲」為主？還是以「某乙」為主呢？……當然兩者都不是！

　　即便如此，父母宮所呈現父母的「運勢曲線」！依然可用，但！此「運勢曲線」是以「命造的角度」所看見「父母的運勢」！所以基於「關係親密，依然可顯現某種程度的事實！若用於「廣義」的父母宮時，恐怕誤差就差很大了！……而「生身父母」真正的特質！還是必須回歸到父母自己的命盤上！

　　雖然論「六親」時，並不能看透此六親的真正本質！但藉由「狹義」的六親宮位的詮釋，依然可以「約略」看出此六親運勢的部分端倪，若能再加入此「六親」的「個人專屬條件」，則更能縮小論斷範圍，同時也更精準！如：父母親的「生肖」、配偶的、子女的……等等，都能更清楚地描述此「六親」對「命造」的影響！

「我宮」與「他宮」的差別

　　一般人在解命盤時，通常都會區分「六內宮」與「六外宮」、「六親宮」、「我宮」與「他宮」……等等的分別！當然這都是為了某些「特殊目的」而區分出來的！否則，盤中的每個宮位的六親，只要與「命造」脫離互動關係，則無法顯象於命造的盤中！所以從「另一個角度」而言，這所有的十二個宮位皆屬於「我宮」！如：我的兄弟、我的配偶、我的小孩、我的財富……我的父母等等！哪一宮不是「我的」？雖然所指的對象為他人，但在此所指的六親是「命造眼中」所感受到的「他人（宮位現象）」宮位！而不是「他人」的真正特質與現象！想探究「他人」的真正特質？就得回歸他人自己的命盤！才能找到真正的答案！

　　當論及「某件事」的有無、吉凶、結果時！為了確認「四化」落點的「歸屬」問題！才有以上的「宮位區分法」！在學理的闡述上，此實屬「不得已」！只是在紫微斗數的活盤運用上，雖「祿入我宮」卻未必「我得」！即使「忌沖我宮」也未必為凶啊！

　　不過話說回來，若「忌沖他宮」！雖未危及自己，但若他宮之人卻是你心頭上的一塊肉，那麼當「他宮」受衝擊時！命造也未必好受吧！所以不論是「我宮」或「他宮」，只要是命造所「關心」的宮位受沖！就是「凶象」！

　　雖如此，「我宮與他宮」的區別，重點在於四化的「定位」上，若四化落入「我宮」則掌控整個事件的「開關（四化）」，就落入我的掌控之中！當然是越多四化入我宮，表「自己」的

掌控度越大，一切「操之在我」！……反之，若四化皆入「他宮」，則表示事件的發展趨勢完全受他人掌控、影響！若要「反客為主」！則勢必要經過一翻征戰、競爭！方能取得「四化主導權」！所以，四化雖入「他宮」，因為是「我的命盤」！故每一宮皆可為「我用」！則不論四化是入「我宮」或「他宮」？皆可為「我用」！相同道理，雖入「我宮」，若命造不懂得珍惜運用！則即便四化入「我宮」也得不到利益，反而成為「他用」！

例如：太陰祿入財帛宮（寅）（我宮）

財帛宮為「我宮」！所以此「祿」理應為我所有！但若「我（命宮）」的理財能力，並未具備「太陰祿的特質」，錙銖必較、心思細膩……既然不具有「太陰祿」，我又憑什麼能力來取得祿呢？若此時與屬虎（寅）的對手或同事有此「祿」的牽連！則此「太陰祿」就容易成為此生肖（寅）的囊中物了！

又如：武曲祿入交友宮（他宮）

武曲為「財星」！入交友宮時，就表示「財利」往往容易落入別人的口袋！但若命造具備一流的理財能力、精準預算收支、財務規劃……則在與「別人（他宮）」的競爭當中，立於不敗之地！又如何會將自己盤中的「武曲祿」拱手讓人呢？

綜觀以上，個人較著重每個宮位中「星性」的「我用」與「他用」的問題？而判定究竟是「我用」？還是「他用」？不論是「我宮」還是「他宮」，就看「誰」掌控了宮中「化曜星性的特質」？擁有者「得之」！

宮位的「我用」與「他用」

紫微斗數的十二宮中，不論是「我宮」還是「他宮」，這每一宮中的主、副星的星性，命造都可以善加運用哦！而每個宮位主、副星的星性「選擇」與「運作」！決定了「命運結果」！所以，在十二宮職中，在什麼狀況下？當宮之主、副星該取什麼「星性」？而此星又該如何「我用」或者給予「他用」呢？當視實際狀況來做選擇與取捨？

例1. 假設天機坐財帛宮（我宮），而天機為化「善」、「散」、「擅」！

(1) 當論「進財」時，若取化「善」，因心地善良、又有惻隱之心，凡事都考量到對方，當然難以進財囉！正因為是我宮，理當為我用！但因為不利於我進財，故此星性不可為「我用」！可待有緣人，入此財帛宮的「他人」來用此星性（他用）。如：生肖入此宮之人，就因「化善」而財利於我！……以上即為「我宮他用」！

(2) 若此時改取化「擅」的星性，則表命造專精於財務管理與運作，那進財的機率當然高了！因為是我宮，且星性有利於我，所以自然為「我用」而大賺！此及「我宮我用」！

不過，若命造不學無術、花費無度！沒能將天機的「化擅」據為我用！則當有緣之人，一旦進入此宮，則我的財利必被他人理入他自己的財庫！……以上即為「我宮他用」！

例2. 假設紫微坐交友宮（他宮）！

(1) 一般認為，紫微為領袖星入交友宮（他宮），命造當然

容易受朋友影響而左右抉擇（他用）！此乃因為是他宮之故，所以居此宮之他人，自然容易駕馭此宮中之星性！……此即「他宮他用」！

（2）若命造是個多學多能、才藝出眾、能力超強的人！即使紫微入他宮，命造也未必會屈服於臣下！進而藉由彼此的競爭，奪回紫微的權杖！……此即「他宮我用」！

由上可知，命盤的運作，十二宮中不論是「我宮」還是「他宮」，皆可為「我用」！當我不用時，則亦可為「他用」！所以每個人，都可以在「宮性」的規範下，好好選擇適當的「星性」，善加運用！才能走出自己理想中的「命運曲線」！

行業的選擇

　　一般的論法，當以「官祿宮」所坐之「星性」為主，畢竟是符合命造的工作環境、行為特質及個人風格……等屬個人條件！若選擇本命官祿宮之星性所表之行業，當然比較容易上手，但！未必能有所成就！不過一定有機會接觸此行業。…… 至於當下能否欣然接受？則依各人當下所考量的因素不同，有些人就會選擇放棄！即便如此，放棄官祿宮所指之行業也無須驚慌，因為其餘十一宮，宮宮皆可為業，有些甚至比官祿宮更出色、更有成就，所以官祿宮並非唯一的選擇。

　　職業的選擇，必須以命造的「要求」為前提，絕大部分的人皆以「賺錢」為主要目地！所以取自「財帛宮」的星性為行業類別，自然可行！但有些人則較重工作性質是否符合興趣（福德宮）？有些則重專業，有些……等等，各式各樣的條件都有，而官祿宮以外的十一宮就藏著各類條件的職業，等待命造的發掘哦！

　　老饕 認為，職業的選擇，應當同時考量「宮、星、四化」的搭配，不能單就某宮、某星或祿、權、科、忌來做選擇。必須從命盤中尋找同時符合宮性、星性及祿、權、科、忌 等的條件者，為上上之選！倒不一定非得命、財、官不可，甚至「忌」入之宮也有出類拔萃之人，甚至超越「祿」的成就。只是能否達到命造的要求，可就宮宮不一樣了。除此之外，同時須兼顧三方四正、暗合，才能更細膩的詮釋，職業的種種條件與發展。

　　例如：疾厄宮、巨門化祿，且三方不受沖。

可從事巨門所主的中醫師、體育老師、法醫、心理醫師、記者、廚師……等行業，都可有不錯的收入，也都能得心應手，且工作比較順利。

若從事以上的行業，必能得到不錯的成果，但未必是每個「辛年干」出生的人，所喜歡、願意做的行業？甚至拒於千里之外者，也不在少數，同時必須注意工作造成的職業傷害或職業病。若三方有忌沖時，則應特別注意將造成何種傷害？

「真命天子」與「真命天女」的迷思

常有問命者求教！老師：我的真命天子（真命天女）在哪裡？什麼生肖？何時出現？有何特徵？……等等許多問題！相信一般未婚者，也都有相同的憧憬！就算已婚者也會想知道，配偶是否為傳說中的「真命天子（真命天女）」？然而真遇上了真命天子（真命天女）！一旦「結為連理」就會像童話中一樣，從此過著幸福美滿、永浴愛河的生活嗎？若閣下的答案是「肯定的」！那可就大錯特錯了！

首先，先定義何謂：「真命天子（真命天女）」？就「紫微斗數」的觀點來說！此乃符合命造本命盤的「夫妻宮」所涵蓋的「先天條件」！包括其宮干支、星、四化、三合、六合……等所引導出的「特定人物」！此特定人物，我們就稱之為「真命天子（真命天女）」！因為「他（她）」是老天從你一出生，就安排「符合此盤」的配偶人選！……但！並个一定是最幸福美滿的哦！也不是唯一的！而是符合命盤走勢的配偶人選，假若閣下正走好運，則選擇的配偶自然能成為符合自己期待的「正緣」！反之，若閣下正走衰運，則選擇的配偶自然易成為遺憾的「孽緣」！不管是「正緣」也好，「孽緣」也罷，就此盤而言皆是「真命天子／真命天女）」啊！

假設：甲的命盤，官祿宮（酉）坐「生年忌」，且忌沖「夫妻宮（卯）」。

若甲認識了一位「肖兔（卯）的對象乙」！試問！此肖兔（卯）者是否為某甲的「真命天子（真命天女）」？……其一「忌沖夫宮」者，一般較無互動或多有衝突！肯定相處難、更別

說白頭到老！……其二卯宮為夫妻正位，都已是「名正言順」！難道不是「真命天子（真命天女）」？根據實務經驗！配偶坐對方沖宮者，理應難相處，且難續前緣！雖如此，然而一旦結婚！其婚姻生活越老越甜蜜者，也不在少數啊！反而夫妻二人命盤相互契合，看似「白馬王子」與「白雪公主」的完美組合！卻在短短數年後不歡而散者！亦有之！何故……？

　　命盤的契合！乃是二人的「先天因緣」！有了此「緣」！才能「相遇」！而之後的「相處互動」，才是建立彼此「深厚感情」的開始！在彼此相處、互動當中，若無法相互摩合！則即使是「真命天子（真命天女）」！也終將劃上句點而分開！……反之，縱使彼此僅只「一面之緣」！只要有「心」在一起！正符合「日久生情」！一旦彼此有了「情愫」的產生，便能加深彼此的「緣分」！甚至雖然緣盡！只要情未了，依然可以再續前緣！由此可見！婚姻是否能幸福美滿？關鍵在於「婚姻的經營」！不在於是否遇到「對的人」？只要夫妻彼此情定對方！又何必非要「真命天子（真命天女）」不可呢？

何謂「正緣」

　　何謂：「正緣」！我的「正緣」何時會來？……我的「真命天子／女」何時會出現？……這個問題真是耐人尋味！何謂「正緣」？如何定義「正緣」？這「正緣」、「真命天子／真命天女」是唯一？還是不止一回？而所謂的「真命天子／真命天女」是否就是「正緣」？

　　可曾聽過！「緣」乃是天註定！更有「有緣千里來相會，無緣對面不相識」！由此可知「緣」，就是冥冥中，老天賜給我們的一種「機會」！這機會可以是人、事、地、物、甚至一種感覺、一個想法……！當我們「非常在乎」這個突然出現的「機會」時！這「緣分」就霎時產生！這就是「有緣」吧！既然在乎！則必有「互動」，所以凡是與我們有互動的「人」，都是「有緣人」！即使是素昧平生的路人甲，只是與我們點頭打聲招呼，擦身而過！這就是「一面之緣」！而與我們有血脈之親的親人、相扶持一輩子的夫妻來說！那「緣」之深！是難以比擬的！……相反的，若根本「不在乎」這個突然出現的「機會」！或無視於「它」的存在！那便是「無緣」囉！既然無緣，又怎會有交集、互動呢？

　　不論「緣深」或是「緣淺」！在彼此的「互動」當中，雙方都能互蒙其利、相互提攜、共同成長……使彼此的生活更加美滿！則此「緣」就是我們口中的「正緣」！故此廣義的「正緣」應是涵蓋了所有的六親關係！當然也包括了狹隘的「夫妻關係」！但，若在彼此的「互動」當中，雙方互相猜忌、陷害、詆毀……終致破壞彼此的生活！雖然這也是一種「緣」！但此即為

「孽緣」！故彼此間究竟是「正緣」？還是「孽緣」？就看彼此間的「對待行為」了？

當然，「緣起」就有「緣滅」的時候！當此段「正緣」結束之後，另一段的「因緣」也可能正等待你去把握與用心經營，成就另一段「正緣」哦！「真命天子／真命天女」也是一樣，只要有心，一生中每一段都可以是「正緣」也是「真命天子／真命天女」！

就「紫微斗數」盤而論！因某宮「結緣」，而步入婚姻者，可從夫妻宮切入，由「宮、星、四化」等不同的範圍及角度來了解如何把握「正緣」？其次「那一宮」四化入夫妻宮？也表示「那一宮」將會帶來具有「夫妻緣」的緣分？這每一段的緣分，都有可能成為「正緣」哦！能不能把握機會？就看命造是否「有心」經營囉？

論婚姻

　　論婚姻！當然看「夫妻宮」囉！……夫妻宮宮性的論法，可以論婚姻、配偶、陰陽合為主，若命宮為先生，夫妻宮為妻子，若命宮為妻子，則夫妻宮當然為丈夫。但若命宮主我（陽我），則夫妻宮則亦可為我（陰我），此為「陰陽合」，即命宮具有「形體肉身的我（陽我）」，而夫妻宮為「無形的靈體（陰我）」，而此陰我的潛在表現，往往只呈現在最親的家人面前，尤其是配偶（夫妻宮）！所以嫌棄配偶的人，無疑的也在嫌棄自己，自掌嘴巴，愛先生／老婆，就是愛自己的表現，希望大家能多愛「自己」一點。以上為廣義的夫妻宮宮性。

　　至於狹隘的「夫妻宮」，一般則可論婚姻、配偶！試想！當「白雪公主」遇上了「白馬王子」！二人因「有緣」而千里來相會！但結局一定是過著「幸福美滿」的生活嗎？在童話世界裡似乎「理應如此」！但，若回歸現實生活當中，往往因為柴、米、油、鹽、醬、醋、茶……等的生活壓力！造成婚姻上的摩擦，實屬難免！但若彼此都改變不了自身的「公主病」與「王子症」！那遲早定以「離婚」收場！那又怎麼能成為彼此的「正緣」呢？當知「幸福美滿」的生活！所謂的：【正緣】！是夫、妻二人彼此一起「經營」出來幸福美滿的善緣！並非「算」出來的！

　　不論此「緣」因何而起？發展到最後，都有可能成為「正緣」！當然也可能淪為「孽緣」！這其間的差別，在於彼此的「用情」與「用心」而定！只要兩造「真情」以對，互相關懷、互相扶持、互相體諒！因而成就的美滿生活！這就是「正緣」！簡單來說，只要我們把握住每一次的「機會」！起碼就把握住了

二分之一的「正緣」！至於另外的「二分之一」，就看造化了！
因為掌握在「對方」手上！希望大家都能藉由對「紫微斗數」的
體會，經營出自己「幸福又美滿」的婚姻生活！

（1）當以「夫妻宮」為主時！「宮性」所主，為婚姻的外在
　　　條件與環境，所以夫妻宮所在的生肖、姓氏、星性……
　　　等，都可能成就「姻緣」的外在因素！

（2）若以夫妻宮中的「主星」為主時！則表當遇到與命造夫
　　　妻宮主星特質相同的對象時，自然成婚的機率大增！同
　　　時彼此的「婚姻觀」也較容易契合！但若兩造對同一星
　　　性的認知不同時！則不為合盤哦！
　　　例如：甲男的夫妻宮為「天同忌」、而乙女為「天同
　　　權」坐命！
　　　首先，符合甲男的女生必須是凡事配合、聽話的配偶
　　　（天同忌）。而乙女可能是叛逆、有主見（天同權）的
　　　女生！那麼此二人要成為「比翼鳥」！恐怕要經過一翻
　　　折騰與努力！否則難以成就一段幸福美滿的婚姻！

（3）由夫妻宮「宮干四化」！不論祿、權、科、忌，所入之
　　　宮！表具備此宮的條件者，都具有「姻緣」！只是因為
　　　四化的不同，其姻緣屬性亦有差別！

論感情時「子女宮」與「夫妻宮」的不同

（1）子女宮

為命造「內心（疾厄）的享受（福德）宮位」＝「疾之福」！也就是心裡所喜歡、嚮往、欣賞的人、事、地、物……等，以「人」來說，就是 所愛的人、欣賞的人、喜歡的人，當然包括情人、師長、小孩、朋友……等，都算。若以更狹隘的角度看待子女宮，此宮可為「情人宮位」！心中所喜歡的人（一般指異性），如：校花、明星、才子、才女、鄰家小妹……等，都有可能是命造的「夢中情人」！當然也有可能成為「情侶」，但在此階段者，都居於「子女宮」，未必會步入夫妻宮（結婚）？所以才有人說「兒子（子女宮）是媽媽的前世情人」、「女兒（子女宮）則是爸爸上輩子的情人」！

（2）夫妻宮

為命造「內心（疾厄）的最終歸宿（田宅）宮位」＝「疾之田」！就是內心所喜歡、欣賞的人、事、物……等，堅持到最後的「落腳處」！以「人」的角度而言，就是最終的情人，最後感情的落點，若以一般「感情常態」而言，談情說愛的最終目標！不就是「常相廝守（結婚）」嘛！所以才有「結婚是戀愛的墳墓」！

（3）此兩宮最大的不同

「子女宮」較重個人感覺、身體感官上的享受與付出！……而「夫妻宮」則因 「愛」而多了一份責任心的約束！倒不一定是

「婚約」的束縛。所以，愛到多了一份「責任心」的出現，而產生了對彼此的「權利」與「義務」！則即使未婚，亦可視為入了「夫妻宮」！

就現今的速食愛情而言，尤其是超過適婚年齡的人，一旦交了男、女朋友大多以結婚為最終目的，所以可將此男、女朋友設定在「夫妻宮」！但若只是像年輕男女一樣，只是想談一場戀愛，未必會結婚，則此男、女朋友應設定在「子女宮」哦！

假設1：甲男的子女宮非常旺且優，而夫妻宮弱且差！則甲男在談戀愛的過程中必定感覺既甜蜜又溫馨，可是一旦論及婚嫁，此時必定出現前所未有的細小問題與矛盾！想要進一步白頭偕老想必更加困難！除非，婚後的感情（子女宮）依舊能超越柴、米、油、鹽、醬、醋、茶的現實婚姻生活，則另當別論！

假設2：乙女的夫妻宮非常旺且優，而子女宮弱且差！則乙女的感情路雖然坎坷不順遂，只要本身不妄自菲薄、努力上進（子女宮），一旦遇到對的人，婚後則可能因夫而貴，幸福美滿而致白頭到老！

掌管壽元的……交友宮

　　「交友宮」除了一般論命上常用的宮性如：人際關係、朋友、買賣、轉換、災劫……以外！尚且藏有「壽元」的祕密在其中！

　　人的「生命」，皆源自於「父精、母血」的結合！然而注入此「生命體（命宮）」的「靈氣」是來自「父母（父母宮）」的賞賜！何時終了，其「氣數」即設定在「交友宮」！而此交友宮即為「父母宮的氣數位（父之官）」，亦為「基本壽元」的宮位！但非「實際壽元」哦！因為影響壽元的因素太多了！所以每個人的「實際壽元」，會依每個人的身體保養程度、行限運作、行善積德……等等，而從「基本壽元」中加、減、乘、除而定出「實際壽元」！而這「實際壽元」由誰來決定呢？是上帝？是神明？是老天？是命理師？……當然都不是！能左右這一切影響壽元因素的人！就是「命造自己」！

　　雖無法得知「實際壽元」的確切時間與年限？但，如何延壽？乃至添壽？則或多或少可從盤中得知一二！進而增加自己的「壽元」！但！切記！勿妄下「斷語」！以免造「口過」！若因「論命」而造成「求教者」往後身心上的壓力而無法解！那「算命」就已失去「論命」的意義了！

　　就紫微斗數而言！影響壽元的宮位，一般認定為「疾厄宮」！因一、六共宗之理！但就「壽元」來說，疾厄宮表「身體（陽顯）」，只是命宮的一部份而已，並非全部！而對宮的「父母宮」，不僅提供了命宮的身體（陽顯），同時也注入了「靈氣（陰隱）」！如此才成就了命宮！而這股靈氣的氣數如何？就在

交友宮！同理，疾厄宮所主的身體使用年限，就藏在兄弟宮（疾之官）囉！

隨著個人對身體保養、使用是否得當？都會有明顯加、減的效果！此屬於「有形的身體」！試問當身體機能、器官無法運作之時，即可判定死亡？當然不是？拜目前醫學發達之故，可藉由機器或人工臟器來維持有形身體的運作！故，即使身體的臟器已無法運作，目前尚且不能判定死亡！如：植物人。所以相較於「古人」而言，「現代人」可長壽多了！……而另一個影響壽元的宮位，就是「父母宮」！就是「父精、母血」結合所產生之「靈氣（陰隱）」，藉由身體（陽顯）才能合而為一（命宮）！而此靈氣的氣數位（父之官）！就是「交友宮」。屬「無形」的靈魂、元神……或其他名稱！此「靈氣」是無可取代的，與「出生時所吸入第一口氣」是截然不同的哦！「出生時所吸入第一口氣「是「氧氣」！是維繫身體臟器運作所必須的「氧氣」！這是可以人工方式取代的！而「靈氣」乃屬「無形」！沒了「靈魂」！就沒了思想、知覺……縱使身體機能尚在運作！也只是個「植物人」而已！所以真正的「死亡（壽元）」應以「交友宮」來判定！

縱使如此！不論是「意外死亡」或「壽終正寢」！這檔人生最大事！還是有許多人忌諱談論與規避！但卻又是每個人所必經之路！所以若能以正向的角度來探討「壽元」之事，又何嘗不事件好事呢？雖不能知何時將死？但起碼可以努力求個「好死」、「死而無憾」吧！

實際論命上，決不會有人「沒緣由」，劈頭就問自己能活多久？若不是沒事找事做，就是來踢館！一般人會論及「壽元」時，通常若不是遭逢重大意外而接獲病危通知、或因久病而陷入

病危……等「危及生命」之時！才會論及「壽元」！否則人好端端的，誰會問「我會活到幾歲？」這不是折煞人嗎？當然！當論命師能從盤中看出重大「劫數」時，也只能提醒告誡而已！也不能因此而「斷生死」！畢竟生死之事，是不可逆的大事！可沒有轉圜的餘地啊！就算是神明也未必「斷」得了！更何況是一般人！

　　希望各位同好都能好好把握自己的「命盤」，藉由對紫微斗數的了解，好好掌握及運作自己的「交友宮」！做個「長壽又健康」的……人瑞啦！

「添壽」與「延壽」

　　一般人只要論及「死亡」！總是避重就輕，甚至逃避此問題，因為人生中最大的損失！莫過於「死亡」！人一旦死亡！則屬於自己的一切都沒了！同時也是不可逆的事情！一旦發生！是無法重來的！所以當無法逃避此問題時，通常已面臨生死關頭、或病入膏肓之時、抑或年事已高……等等，此時才有必要論及「壽元」！同時可搭配「一氣生死訣」互相參考！

　　自古以來，追求「長生不老」，是許多人的夢想！雖遙不可及，甚至癡人說夢！！！但運用智慧與行動至少也能為自己爭取多活個幾年！

　　（1）添壽：當一個人於行運當中，某些特定行為的運作，可「增加壽元」，錦上添花，此為「添壽」。

　　（2）延壽：當一個人壽元將盡，危在旦夕，此時迫在眉睫的某些特定運作行為，有能立即「延續壽元」的功效時，稱為「延壽」。

　　一個人的「基本壽元」，可由本命「交友宮」探知一二！我們除了努力符合交友宮中主、副星所主之星性，以保有「基本壽元」以外，若能再於「財帛宮（友之田）」多下功夫，將有助於累積壽元的，此即為「添壽」！相反的若違反財帛宮所主之星性，則將會折壽哦！因為財帛宮為交友宮的「田宅位」，具有「累積壽元」的功能。

　　而「福德宮」為交友宮的「子女位」，具有「延伸、延續壽元」的功能！所以也具有增加壽元的效果，只是於時效上來說比較迫切、比較短而已！故由此可知，「財福線」掌管著壽元的

增、減！所以多多行善佈施，不只是行善而已，尚可避災、增壽哦！何樂而不為！

陽宅概論

　　陽宅學為堪輿學的專業科目，但並非唯一的選項，紫微斗數的陽宅理論亦有其貢獻及價值，不論「巒頭」或「理氣」都有其獨特的理論架構，並不亞於堪輿學。

　　「田宅宮」，為紫微斗數論陽宅時的主要宮位，依主、副星及四化的結構，可清楚解析命造所居住的陽宅各項條件，包括方位的選定、外局的環境態勢、內局的格局擺設……等等，是否適合命造居住使用？或者會造成某種層面的影響？是吉？還是凶？皆可於盤中一目瞭然。

　　本命盤田宅宮中的主、副星及四化所表為命造此生當中適合居住的陽宅屬性，不論方位，都須具備田宅宮所示之象，方可安穩舒適且合盤。若能搭配其他條件，則更能發揮陽宅對命造的影響？至於是加分？或是減分？則要仔細分析陽宅在盤中的架構為何？方可定論。

　　除此之外，每個人所居住的陽宅，並不一定在盤中田宅宮所坐落的方位上，況且有些人所擁有的陽宅並不只一棟，當然坐向也不盡相同，所以單就田宅宮的條件要論所有的陽宅，則略顯粗糙，不夠完善，所以尚有其他方式可增補其不足之處。

　　除了本命「田宅宮」以外，運限中的大限、流年、流月……等，各運限的「田宅宮」，也都有一定程度的影響，不可忽略！

陽宅立太極之法

1. 宮性定位法

　　（1）取紫微斗數盤中之「田宅宮」，所包含的宮性如：家

庭、陽宅、組織團體、財庫……等許多宮性！在此篇的
論述中，則取「陽宅」的宮性論之。論陽宅時，尚包括
本命田宅、大限田宅、流年田宅……等在不同的運限
中，藉由體用關係的運用，即可了解陽宅對命造的影響
為何？

（2）由田宅宮干四化出，可看出此田宅對命造的影響是吉？
還是凶？當然此時所論之陽宅，並不是專論哪一棟？或
任何方位？而是屬概括性的「田宅宮」，所造成的影
響。

2. 方位定位法

（1）將命造所居住的特定陽宅，測量出其方位坐向為何？安
入命盤之中，所入之宮立太極，設為「田之命」，則依
序可轉宮為其田宅之十二宮，並訂出其十二宮職所代表
的房間有何功能？以此可看內局的影響如何？

（2）取「田之命」宮干四化入本命盤，則可了解某特定陽宅
對命造的影響為何？吉凶方位為何？什麼房間要注意
什麼事？擺設是否恰當？……

（3）由宮中星性及四化的現象可了解在此棟陽宅的屬性、型
態、吉凶為何？

3. 磁場定位法

（1）當住所為暫時、不確定資訊時，如：不知方位？不知將
入住何方？

（2）可依路名、場所名……等等，取第一個字的筆劃數之
「個位數」值，為天干之序數取四化。

（3）此天干四化入盤中，即可了解此場所之磁場將對命造造
　　　成何種程度的影響？

星性與地理（外局）

紫微：公家機關，高樓大廈，別墅，大飯店，高級咖啡廳。

天機：馬路邊，機器旁，小工廠，廟宇，教堂，陰廟。（機陰：稅捐機關或橋）

太陽：高地，鐵塔。

武曲：警局，軍營，高地（紅土），綜合性工廠，銀行。

天同：自來水，小水溝（池），小吃店，土地公廟，遊樂場。（同陰：花園）

廉貞：風月場所，水果園，監獄，看守所，墳墓。（廉貪：屠宰場）

天府：山坡地，高樓，銀行。

太陰：套房，旅館，飲食店，陰廟，暗房。

貪狼：酒家，夜總會，池塘，墳墓，納骨塔。

巨門：鐵路，工地，暗溝，墳場，陰廟，綜合醫院，中藥房，法院。

天相：餐廳，服飾店，噴水池，瀑布，樹林，攝影棚，觀光景點。

天梁：古厝，大樹下，書局，學校，神木。

七殺：高地，派出所，軍營，打鐵店，五金行。

破軍：海邊，水邊，市場，垃圾場，貨櫃場，碼頭，儲藏室，倉庫。

文曲：古玩金石店，技職學校，新聞事業，派出所，水池，法院，情人廟。

文昌：文具店，文廟，學校，報社，書局。

左輔：微高之屋，山地，商業機構。

右弼：水坑，水溝，水道，井泉，騎樓，小築。

祿存：橋，古井，牧場，農田，地標。

羊刃：斷橋，叉路，五金行，鐵工廠。

陀羅：斷垣，破屋，石碑，碾米店。

天魁：牌樓，亭台，山崗。

天鉞：林園，花園。

天刑：當舖，刀剪店。

天姚：暗溝，水道，公廁，鴿舍，寵物店，理容院，夜總
　　　會，酒店。

火星：廟宇，山間寺塔，火葬場，焚化爐。

鈴星：鈴瓏寺塔，廟宇，道館，法場，佈道場。

地空：空地，廣場，大草原，原野。

地劫：低窪地，壕溝，防空洞，山洞。

內局名稱

田之命：本陽宅、主宅。

田之兄：餐廳、偏房、吧台。

田之夫：小客廳。

田之子：走廊、樓梯、小花園、嬰兒房、遊戲室。

田之財：財位、夫妻房、床位。

田之疾：廚房、廁所、浴室、更衣間、健身房，練功房、陽
　　　　台。

田之遷：前院、臥房、大門。

田之友：玄關、守衛室、接待室。

田之官：大客廳、工作室、會議廳。

田之田：主臥室、密室、儲藏室、財庫位。

田之福：神明廳、禪修室、娛樂室。

田之父：書房、孝親房、閱覽室。

宮位的結合與應用

暗合（六合）

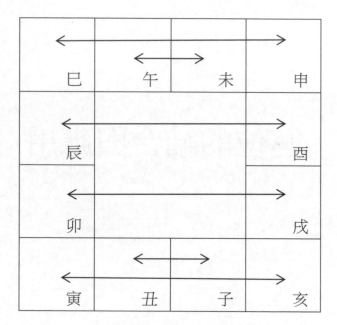

1. 子丑合 2. 寅亥合 3. 卯戌合
4. 辰酉合 5. 巳申合 6. 午未合

（1）暗合又叫六合，彼此間互為陰陽，即其地支五行若為
　　陽，則與其暗合之地支必為陰，相反的，若其一為陰，
　　則其暗合必為陽，故暗合為「陰陽合」。

（2）若令某宮為太極，為顯（不論陰陽）則其暗合必為隱。

（3）論命時，以「太極」為中心，為「標的」之主體，為
　　顯！「暗合」則是背後促使「標的」主體運作的一股力
　　量（隱），故不易察覺，但這股力道，為太極不可或缺
　　的力量。

這關係好比，「太極」是公司的「董事長」，負責制定公司的發展方針、公司政策、未來規劃……等重大決策！而其「暗合」宮位，就是「董事長特助」，在正式的公開場合中，是屬於檯面下且不現身的人物（隱）！負責董事長所交代的這些重大決策的制定、整合、聯繫……等細節的規劃！雖不能代表「董事長」，但卻是「董事長」不可或缺的「背後推手」！這「背後推手」的關係有時更勝左、右手！

（4）在紫微斗數的運用上，每個「宮職」，必有一個與之「暗合」的另一個「宮職」，此二宮職在活盤論命上息息相關，且有「互補」的作用！論盤時千萬不能忽略「暗合」的重要性！

（5）「暗合」的運用必須是「平盤式」的取法，不能各運限盤交疊取用。

（6）例如：論「財帛宮」時，若暗合「疾厄宮」……
　　a.當「忌」入財帛，則應當特別注意因文書、財務體制、身體狀況……等疾厄宮的「宮性」，而加重財帛本身的忌象！此損財的忌象，乃出自於財帛宮本身的缺憾，但也因疾厄宮的「間接影響、引動」！而加重此財帛忌象！
　　b.當「忌」入疾厄時，則表因文書、財務體質、身體狀況……等疾厄宮的「宮性」的問題！而「直接影響」到財帛宮的體質！只要遠離或掌控好此忌，財帛則未必受影響！

（7）若「財帛宮」暗合「交友宮」……
　　a.當「忌」入財帛，則應當特別注意因過於在乎朋友、理財不當而造成財損的現象！此損財的忌象，乃出自於財

帛宮本身的掌控不當，非朋友之罪！

b.當「忌」入交友，則容易因誤交損友、遭遇小人而招致損財！此為受朋友之累而遭損財。

（8）若能再加上星性的解析與疊宮，則更能加深紫微斗數在論命上的精細度哦！

宮位對應關係（暗合）

　　斗數命盤中，任兩宮未必有互動關係，但對應關係必定存在。就像我和兄弟之間的「對應關係」是永遠不變的，但我和兄弟未必有往來，故未必有「對待關係」！而對應關係，正是說明某二宮之間，彼此相互交流的媒介因子，也是促成彼此互動的重要因素！使彼此更能了解對方所在乎的互動模式為何？進而與對方在互動前，就能事先做好準備，達到最佳的互動效果！

對應關係取法

（1）求取甲宮、乙宮的對應關係？

（2）找出甲宮之暗合位為何宮？

（3）此甲宮之暗合位為乙宮之「某宮」？

（4）再找出乙宮之暗合位為何宮？

（5）此乙宮之暗合位則必為甲宮之「某宮」。

（6）以上（3）及（5）之「某宮」必為同宮。且其宮性即為甲與乙之對應關係。

斗數手札（一）

例1：命宮（甲）與交友宮（乙）的對應關係？

乙之財帛位

兄 巳	甲 (暗 合) 命 ←→ 父 午　　未		福 申
夫 辰			田 酉
子 卯			官 戌
財 寅	← (暗 合) 疾　　遷 → 丑　　子		乙 友 亥

甲之財帛位

（1）命宮（甲）之暗合位，為父母宮。

（2）父母宮為交友宮（乙）之「財帛位」。

（3）交友（乙）之暗合位，為財帛宮。

（4）財帛宮為命宮（甲）之財帛位。

（5）故命宮（甲）與交友宮（乙）的「對應關係」為「財帛
　　宮」。

例2：盤中夫妻宮（甲）與子女宮（乙）的對應關係？

乙之官祿位

甲 夫　　巳	兄　　午	命　　未	父　　申
乙 子　　辰	B　　盤		福　　酉
財　　卯			田　　戌
疾　　寅	遷　　丑	友　　子	官　　亥

（暗　合）← →　甲之官祿位

←

（1）夫妻宮（甲）之暗合為父母宮。

（2）父母宮為子女宮（乙）之官祿位。

（3）子女宮（乙）之暗合為福德宮。

（4）福德宮為夫妻宮（甲）之官祿位。

（5）所以夫妻宮（甲）與子女宮（乙）之對應關係是便是「官祿宮」。

（6）任兩宮的對應關係並非固定不變的，依不同的命盤，其對應關係也不同。

（7）對應關係只提供彼此互動上最佳的模式，與行運吉凶無關。

（8）「對應關係」應與「對待關係」合併運用，更容易了解彼此該如何相互對待？

二大星系的對應關係（暗合）

紫微斗數中的「紫微星系」與「天府星系」，為斗數中的二大星系，這十四顆主星中，當然以紫微為中心。正所謂：「帝居動，則列宿奔馳」。所以紫微星一旦確定了位置，則其餘的十三顆主星也依序排列而不得任意改變。

在紫微星系中，若令「紫微」為太極為「命宮」，則可發現紫微掌管命遷線、天機掌管兄友線、太陽掌管子田線、武曲掌管財福線、天同掌管父疾線、廉貞掌管夫官線。

紫微 ------ 命遷線

天機 ------ 兄友線

太陽 ------ 子田線

武曲 ------ 財福線

天同 ------ 父疾線

廉貞 ------ 夫官線

在天府星系中，若以「天府」為太極為「命宮」，則天府和七殺掌管命遷線、太陰掌管父疾線、貪狼掌管財福線、巨門掌管子田線、天相和破軍掌管夫官線、天梁掌管兄友線。

天府、七殺 ---- 命遷線

太陰 ------------- 父疾線

貪狼 ------------- 財福線

巨門 ------------- 子田線

天相、破軍 ---- 夫官線

天梁 ------------- 兄友線

依紫微斗數排盤法得知，安天府星系時，應當先定「天府星」，而「天府星的安星法則」大抵上與定「紫微星」類似，皆依「後天斗君位（寅宮）」為起始，順安「紫微星」，而逆定「天府星」。

天府：為紫微的下屬，故「宮位對應關係（暗合）」應取「子女宮」的對應關係，所以天府的暗合永遠是紫微的子女宮。而紫微的子女宮一定是太陽，故天府與紫微星系的太陽永遠暗合。

太陰：與「紫微星」的對應關係，由排盤可知，太陰永遠暗合紫微財帛宮的武曲星，故取與紫微星的對應關係為「財帛宮」。

貪狼：與紫微星的對應關係為「疾厄宮」，因為天同為紫微的疾厄宮，故天同與貪狼永遠暗合。

巨門：與紫微星的對應關係為「遷移宮」，而紫微的遷移宮為空宮，故並沒有紫微星系的主星一定與巨門暗合。

天相：與紫微星的對應關係為「交友宮」，而紫微的交友宮為空宮，故沒有紫微星系的主星一定與天相暗合。

天梁：與紫微星的對應關係為「官祿宮」，而紫微的官祿宮為廉貞，故天梁與廉貞永遠暗合。

七殺：與紫微星的對應關係為「田宅宮」，而紫微的田宅宮為空宮，故沒有紫微星系的主星一定與其暗合。

破軍：與紫微星的對應關係為「兄弟宮」，而紫微的兄弟宮為天機，故破軍與天機永遠暗合。

同上，紫微星系的六顆星分別與天府星系的對應關係，應取與「天府星」的對應關係。

例如：

紫微：與天府星的對應關係為「子女宮」，而天府的子女宮為空宮，故沒有天府星系的主星一定與紫微暗合。

天機：與天府星的對應關係為「夫妻宮」，而天府的夫妻宮為破軍，故破軍與天機永遠暗合。

太陽：與天府星的對應關係為「命宮」，而天府的命宮為天府星本身，故天府與太陽永遠暗合。

武曲：與天府星的對應關係為「父母宮」，而天府的父母宮為太陰，故太陰與武曲永遠暗合。

天同：與天府星的對應關係為「福德宮」，而天府的福德宮為貪狼，故貪狼與天同永遠暗合。

廉貞：與天府星的對應關係為「交友宮」，而天府的交友宮為天梁，故天梁與廉貞永遠暗合。

若紫微星系為「中央政府」，則天府星系為「地方政府」，中央負責政策的制定與規劃，為「體（逆佈主星）」！而地方負責推動政策，為「用（順佈主星）」！唯有中央（體）與地方（用）通力合作，才可使一個國家更興盛。仿此，若紫微星系掌管人的「內在、心思（體）」，則天府星系掌管人的「外在行為（用）」的表現，如此一陽、一陰心性合一，才能譜出命宮一生的命運曲線。

由以上的陳述可知：

天機 ---（一定暗合）--- 破軍

太陽 ---（一定暗合）--- 天府

武曲 ---（一定暗合）--- 太陰

天同 ---（一定暗合）--- 貪狼

廉貞 ---（一定暗合）--- 天梁

三合

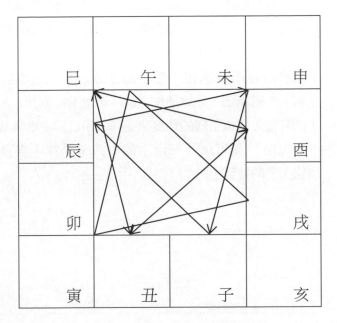

1. 寅午戌（火） 2. 申子辰（水）
3. 巳酉丑（金） 4. 亥卯未（木）

（1）三合為「同質」性五行之生、旺、墓的位置，故可談同
　　質、同類、同性等特質。

（2）論命時，只要令某地支為「太極」，為主體，則其三合
　　之地支，必擁有與太極相同的特質與特性，故可用另一
　　個角度看待主體的「另一個面貌」。

（3）當某宮立「太極」為命宮時，則其財帛、官祿必為三
合，故紫微論命時，命、財、官，皆為我宮為我用，可
論命造個人的性格，價值觀，行事作風，故論命時必看
命、財、官是也。

（4）三合的運用著重在「用」的部分，當「主事宮（命
宮）」磁場弱，難以運作之時，可以選擇與其「三合」
的其他二宮以不同的角度來運作！所以當主事宮為「空
宮」時，便可以「三合」的方式來詮釋「空宮（命
宮）」的特質！

四正位

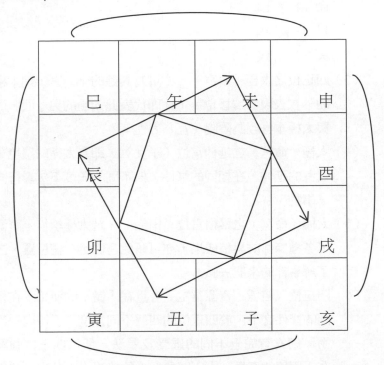

子 午 卯 酉（四敗地、四桃花）

寅 申 巳 亥（四馬地、四生地）

辰 戌 丑 未（四庫地、四墓地）

（1）四正位與三方四正之「四正」，是全然不同意涵的，不
可混為一談。

（2）紫微斗數中，四正位分別為：

命 遷 子 田

兄 友 財 福

夫 官 父 疾

（3）四正位之太極（命宮），亦可為其餘的十一宮，則太極的外在表現（遷移位），亦即代表此太極的另一面，而與太極本身互為陰陽、互為表裡。

（4）太極（命宮）之延伸宮位（子女），即為太極的環境、資源的延伸，在相同的條件，但不同的角度下，看待同一事物。

（5）太極（命宮）之累積宮位（田宅），為太極環境，資源等各種條件的累積成果，亦可藉此宮由另一個位置，去了解事件的來龍去脈。

（6）四正位以環境、資源為主，著重在「體」的運用，在相同的條件之下，於四正位的四個不同角度，看待同一事物，則當有完全不同的感受及看法。所以四正位強調在「環境的選擇」上！而非個人的能耐上下功夫。此猶如狡兔有三窟，可因個人需求？而隨意選擇任何一窟進出。

相害（穿）

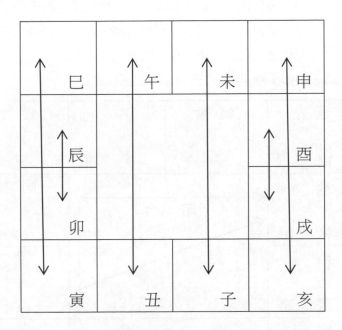

1.子未--害　2.丑午--害　3.寅巳--害

4.卯辰--害　5.申亥--害　6.酉戌--害

（1）互為相害（穿）之兩地支，必為一陰一陽。

（2）相害的兩地支，可彼此「取代」地位，但因屬性的不同，互為陰陽，故取代時的方式，會因為陰陽的不同，而有不一樣的取代方式。

（3）在紫微斗數的「解盤」中，相害（穿）的關係，可應用在「趨吉避凶」的手法上，運用相害兩宮的「互相取代」，達到趨吉避凶的目的，十分受用。

（4）當論「某宮」時，則某宮的「暗合位」正是「相害宮」
　　的「遷移位」，即「相害宮的表現宮位＝暗合位」，故
　　此「某宮」若力道不足或無力時，可由「相害之宮」取
　　而代之，且以「不一樣」的方式表現。

（5）例如下圖：

巨 左　財 巳	相 廉　子 午	梁　夫 未	殺　兄 申
貪　疾 辰		庚	同 右⑥　命 酉
陰　遷 卯	暗　合 對 宮	相 害	武⑪　父 戌
紫 府⑭　友 寅	機　官 丑	破　田 子	陽⑭　福 亥

　　當「命宮」坐「天同忌」時，因自己本身的學習能力與環境
的先天不足，而可能造成命宮難以達到該有的成長與學習！此時
「命宮」可藉由「暗合位（疾厄宮）」的「背後力量（助力）」
的展現（暗合之遷移位），也就是相害宮位（父母宮）！藉由
「武曲權」的親力親為、努力學習，繼而取得「資格證明（父母
宮）」，如此即能以「父母宮武曲權」取代「命宮（天同忌）」
讓人認為懶惰、不學無術的既定印象，因而改觀。其餘十一宮若
也有不吉之象，亦皆可類此方法趨吉避凶！

　　十四顆主星中，除了「紫微」與「巨門」永遠處於相害的關係以外，「天機」與「天相」、「太陽」與「七殺」等共三組也永遠處於相害的關係，藉此也可了解相害二星的星性差異為何？十分耐人尋味哦！

　　紫微與巨門的關係：紫微斗數中十四顆主星的排列，紫微與巨門一定處在相害（相穿）的關係上，所以有互相「取代」的作用。只是紫微在檯面上，而巨門居於檯面下（化暗），當紫微能力受到質疑或否定，而難以發揮作用時！化暗的巨門，這股檯面下的力量就可以取而代之，當然巨門無法像紫微一樣，堂而皇之的浮上檯面，而是以「地下司令」的姿態影響！並「主導」整張盤的運作。相同道理，極其優秀的「專業人才（巨門）」也能成為大家的「領航員」。

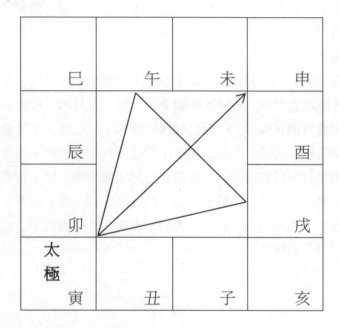

三方四正

紫微斗數十二宮，宮宮皆可為太極，除了「主事宮」的主、副星可以詮釋當宮的個性、特質以外，尚可從其「三合」的其他二宮，藉由不同的角度更詳細的解析「主事宮」！此即「三三歸一」法則的應用！所以當「主事宮」為「空宮」時，也無須驚慌！除了可參考「對宮」以外，若能再加上「三合」形成「三方四正」一併考量！如此以「三方四正」的整體架構方式，才能更加完整的詮釋「主事宮」！

　　以「命宮」為例，除了命宮中的主、副星可以詮釋命宮的個性、特質以外，與命宮形成三合的「財帛宮」、「官祿宮」也可以分別以「價值觀（財帛）」與「行事作為（官祿）」的角度來深入解析「命宮」的其他特質！而「遷移宮」則表此命造在外的表現宮位！基於「什麼個性的人，就會做什麼事」！所以藉由「遷移宮」的表現，或多或少也能了解命宮的「部分個性」，但絕非全部哦！故唯有以「三方四正」的方式，才能更完整的詮釋「主事宮（命宮）」！

一般「空宮」論法！

一般論「空宮」時，有些會取對宮的主星論之，因命宮與「遷移宮」互為陰陽關係，有些派別則以其「疾厄宮」作為參考，此乃一、六共宗之理的應用，也是陰陽關係，乃至也有取「暗合位」作為參考者，亦為陰陽關係。由此可知，大夥兒都知道陽不顯時，可從陰下手，萬物皆有其陰陽面，且陰陽同體。故以上諸法皆可用，只是「陰陽」的立論角度不同而已。

命宮為例：

（1）對宮型態：遷移宮為「表現宮位」，基於「什麼人做什麼事」，由此人的「外在表現」可「約略」判斷此人的個性、特質，故取對宮主星。

（2）一、六共宗：疾厄宮為命宮的本質、內在，故亦可看出命宮無法呈現的部分，為隱的部分，故也可論「部分」命宮的特質。

（3）暗合位：此為命宮的一股不可或缺的「背後力量」，當命宮為空宮時，暗合位的影響力更不容小覷，甚至有「反客為主」之勢，但若亦為空宮時，則另當別論。總之，不論是何種方式，皆不能全然概括命宮，畢竟它還是「空宮」！

（4）三方四正：依據「三三歸一」的法則！財、官可視同
　　「命宮」！所以「財帛宮」可窺伺命造的「價值觀」！
　　「官祿宮」可了解命造的「行事作為」！故此「三合」
　　的應用，就能非常清楚描述命宮的特質！就算是「空
　　宮」也無妨！再加上「遷移宮」的表現宮位的詮釋！
　　則更加詳細！所以老饕較傾向此種論法！

宮位對待關係（四化）

　　在紫微斗數盤中的十二宮，宮與宮之間的拉扯，造成彼此的影響，此為二宮的「對待關係」，既然是對待，則彼此之間必定有行為上的交流，有了對待，即可藉四化 祿、權、科、忌，來描述如何彼此對待？甚至如何面對彼此？期間有正面及負面的影響，藉此可由命盤上於第一時間，掌握與對方可能遇到處境為何？事先有心理準備，預做防範。

A宮與B宮的對待

（1）以A宮之宮干四化出。

（2）四化入B宮之何宮？（令B宮為命宮，祿、權、科、忌入乙宮十二宮的哪些宮）。

（3）由此四化可了解A宮對B宮造成何種影響？

（4）再以B宮之宮干四化出。

（5）此組四化入A宮之何宮？

（6）由此四化可了解B宮對A宮造成何種影響？

（7）A宮與B宮的設定，不只命盤的十二種宮性而已，尚可利用「定位方式」，將我們的「標的」！設定在盤面上的十二宮職中。

（8）以「標的」特質設定星性或宮性，定出太極點，即為「標的」之命宮，並取宮干四化以求對待關係。

例：命造與配偶的對待關係？

則令命宮為A宮、夫妻宮為B宮

（1）命宮（A）庚干：

a. 化太陽祿入夫妻（B）的「子女位」。由此四化可知命造（A）對配偶用情很深，是配偶心中的好先生／太太、好爸爸／媽媽，顧家也顧小孩，屬於陽光型的配偶。

b. 化武曲權入夫妻（B）的「財帛位」。可表命造頗為尊重配偶的價值觀，凡事給予適當且合理的選擇權。

c. 化天府科入夫妻（B）的「命宮位」。此表命造易受配偶的肯定、與配偶間總能相敬如賓，互相尊重！

d. 化天同忌入夫妻（B）的「疾厄位」。表示命造雖然用情很深，但若不能摸透配偶的內心世界，與之交心！則日子一久，感情逐漸淡薄，必將分道揚鑣，所以只有命造不斷的與配偶磨合，並深入了解配偶內心世界的想法，才能得到配偶的肯定，白頭到老！

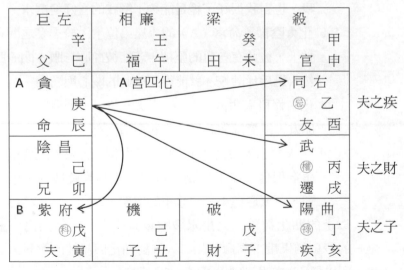

巨 左 辛 父 巳	相 廉 壬 福 午	梁 癸 田 未	殺 甲 官 申
A 貪 ㊍ 庚 命 辰	B 宮四化		同 右 ㊍ 乙 友 酉
昌 陰 ㊍ 己 兄 卯			武 丙 遷 戌
B 府 紫 戊 夫 寅	機 ㊎ 己 子 丑	破 戊 財 子	陽 曲 丁 疾 亥

（1）夫妻宮（B）戊干：

　　a. 化貪狼祿入命宮（A）的「命宮位」。表示配偶很關心
　　　 我、也對我很好，總是能夠了解我的喜好與需求。

　　b. 化太陰權入命宮（A）的「兄弟位」。於夫妻之間在互
　　　 動上，彼此有各自的堅持，若能彼此睜一眼、閉一眼，
　　　 勿太過斤斤計較，就能得到彼此的關心與認同。

　　c. 化右弼科入命宮（A）的「交友位」。配偶對於命造的
　　　 朋友，能體諒與認同，且與命造交心。

　　d. 化天機忌入命宮（A）的「子女位」。可表配偶很在乎
　　　 命造對他（她）感情的付出，不容許感情的不忠、間
　　　 斷，更要避免小三／小王的出現。

　　以上的四化釋象，只是眾多釋象方式中的一種而已，並非
唯一的釋象結果哦！同命盤的二人，對四化與星性的解讀未必相
同，所以釋象的結果當然也因人而異了！

合婚（對待）

　　男女雙方的婚姻，若能白頭偕老，恩愛一生，是多麼不容易的事。從不同的環境、個人條件、家庭背景、個性、嗜好、生活習性……諸多不同條件的男女兩人，要生活一輩子，同甘共苦，想必要經過一段不算短的磨合期。

　　在古時候，女人以男人為天，凡事以丈夫、家庭、小孩為重，古諺云：「女子無才，便是德」。就是限制女性的自我成長，使得女人的婚姻別無選擇，甚至連「合婚」都得屈就於男方的意願之下，一味的配合丈夫，奉獻一生，以便男性的控制，所以離婚率很低。但時過境遷，現今的女性講求兩性平等，不再是唯唯諾諾的任由擺佈，在各行各業中的佼佼者都有女性的身影，而婚姻再也無法完全禁錮女人，所以現今的社會離婚率屢創新高！

　　故唯有找到各方面都契合的兩男女結合，藉由符合現今的「合婚觀念」，讓男女彼此藉由「合婚」方式，在婚前就能了解彼此在婚姻壓力上，所能承擔的問題臨界點為何？底限在哪？彼此在乎的共通點如何努力？……等等問題，若能先了解，必然有心理準備及努力目標！對於自己想擁有「幸福美滿」的婚姻生活！就要靠婚後夫妻二人共同來經營！畢竟，白頭偕老、永浴愛河「幸福美滿」的婚姻生活，不是靠「算」出來！而是「經營」出來的成果哦！

基本合婚方法

以男盤為主時

（1）取女盤「命宮宮干」及「生年干」之四化入男盤，不可忌沖男盤的「命宮」、「夫妻宮」、「父母宮」。

女盤「命宮宮干」及「生年干」的四化，可以深入瞭解女方的個性、特質……等等諸多訊息。當帶入男盤時，則可看出女方在男盤中扮演什麼樣的角色？會造成何種衝擊？或者，會有何種程度上的契合？…… 等！依一般現下的婚姻家庭模式，絕大部分都是女方嫁入男方家，成為男方家中的一份子！所以，女盤「命宮宮干」及「生年干」之四化入男盤時，不可「忌沖」男盤的「命宮」、「夫妻宮」、「父母宮」等宮，否則婚姻易產生大問題！且問題的癥結，是由女方的「個性特質」所造成！其中忌沖父母宮，則容易造成婆媳、姑嫂、妯娌間的問題。

（2）男盤中分別取「命宮」、「夫妻宮」之宮干四化入男盤，不可忌沖男盤中，女命之「生肖位」。

此「命宮」代表著男方的個性特質，若化忌沖女方在男盤之「生肖位」，則容易造成婚後，男方的「個性」衝擊到女方，造成女方的壓力！當然也會影響婚姻！而男盤「夫妻宮」正是男方對於婚姻這檔事的「婚姻觀」，若化忌沖女方在男盤之「生肖位」，則容易在成婚後，彼此兩人在「婚姻觀」上造成歧見，進而影響婚姻生活！

以女盤為主

（3）取男盤「命宮宮干」及「生年干」之四化入女盤中，不可忌沖女盤的「命宮」、「夫妻宮」、「福德宮」。

女方既然嫁入男方家，成為男方家中的一份子，對於剛進入一個陌生家庭的人來說，相信是需要蠻長的適應期！而女生往往在心思與感受上較為敏銳！當男方的個性特質與行事作為，忌沖女盤的：

a. 忌沖「命宮」！則表婚後夫妻二人容易因為男方與女方在個性上慣性差異，而造成女方的壓力，間接也會影響婚姻生活。

b. 忌沖「夫妻宮」！則表示男方的個性特質與行事作為，將會與女方在共同的「婚姻觀」上，造成極大的差異！自然影響婚姻的經營。

c. 忌沖「福德宮」！則表示男方的個性特質與行事作為，將嚴重傷害女方的精神與心緒！尤其對於一個初進門的「外人」來說，是何等的折磨！若連即將攜手一輩子的伴侶都不能擔待！還要在舉目無親的夫家過完下半生！想想！那是何等的折磨啊！難怪有點良心的男人，都暱稱自己的老婆為「內人」，當作自己的親人對待！

（4）女盤中分別取「命宮」、「夫妻宮」之宮干四化入盤，不可沖女盤中，男命之「生肖位」。

此「命宮」代表著女方的個性特質，若化忌沖男方在女盤之「生肖位」，則容易造成婚後，女方的「個性」易衝擊到男方，造成男方的壓力！當然也會影響婚姻！而女盤「夫妻宮」正是女方對於婚姻這檔事的「婚姻觀」，若化忌沖男方在女盤之「生肖位」，則容易造成

婚後，彼此倆人在「婚姻觀」上易成歧見，進而影響婚姻生活！不能不慎！

（5）以上的合婚方法，是採一般人對於婚姻上較為大宗的問題點而提出的，至於每一對新人都有自己對婚姻的期待與目標！所以針對每個人的要求，若其問題不在上述討論的範圍內！則必須針對所要求的期待與目標另立太極，看其對待關係如何？畢竟每個人對於婚姻的期待與目標未必都相同！

疊宮

　　紫微斗數，雖有十二宮，若只依十二宮來論命造之運勢，必定狹隘而膚淺且無法深入、不夠精細、含糊又籠統，但若能加上「疊宮」！則不僅增加其精細度，甚至直指精髓、一針見血，問題立現。

（1）疊宮須「由上往下」疊，以本命盤為底，上一層為大限盤，再上層即是流年盤、依序往上為流月盤、流日盤、流時盤。論盤時，當以「限運最短的盤」為「太極」！即若以「流年盤」為太極，則可往下疊大運盤、再與本命盤相疊，可由此三宮交集的情形，解釋其所代表的「宮象」為何？

（2）注意！疊宮時必定以最小之「時限」為太極，漸次往下盤疊宮，疊宮愈多則釋象範圍愈精細。

（3）疊宮論命時，尚須注意宮中各星之星性及四化狀況來論吉凶。

流時 --> 流日 --> 流月 --> 流年 --> 大運 --> 本命

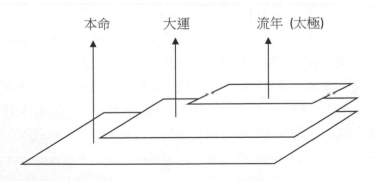

紫微斗數十二宮之……陰陽關係

紫微斗數盤中的十二宮，就「命宮」而言！

命宮……遷移宮 互為陰陽關係。

命宮……夫妻宮 亦為陰陽關係。

命宮……暗合位 更是陰陽關係。

以上三宮雖然與命宮皆有「陰陽關係」！但與命宮都有著很不一樣的「相對關係」！若以十二宮的排序為主！命1、兄2、夫3、子4、財5、疾6、遷7、友8、官9、田10、福11、父12。奇數為陽、偶數為陰！值得深入探討與運用！

（1）命宮……遷移宮（命1，遷7）

命宮若論「個性」，則遷移宮可論「個性的外在表現」！一陰一陽都在詮釋命宮的個性。當然遷移宮的「個性的外在表現」並不能完完全全取代「命宮」！因為 命1，遷7 同屬陽，故皆為外顯，但不完全相等！所以命宮為空宮時，雖可借對宮來詮釋，但不能百分百的複製入命宮！畢竟命宮還是「空宮」！

（2）命宮……夫妻宮（命1，夫3）

就「宮性」而言，夫妻宮即為「陰陽合」的宮位！若以命宮為太極時！就「宮性」來說，命宮為「陽」則夫妻宮為「陰」，一主外一主內，互為陰陽！但，就「宮序」來說，命1，夫3同為奇數，皆為「陽」！故同為「外顯宮位」！所以於公開場合中，皆屬於檯面上的人物！雖各司其職但又合為一體！若命宮為「董事長」！負責公司的經營方針、政策導向（體）。而夫妻宮就是

「總經理」！專責公司的生產、運作、管理（用）。

（3）命宮1……暗合位（兄2，子4，疾6，友8，田10，父
　　　12）

「暗合位」為命宮的「背後力量」！具有舉足輕重的影響力！就命盤宮職十二宮「排序」而言，暗合位一定是「偶數位」！故處於不顯之處！所以只見命宮的風采，卻不知此風采來自於「暗合位」的貢獻！若命宮為「董事長」！則暗合位就是「董事長特助」！董事長的一切行程，皆掌握在特助的手上！沒了特助的幫忙，董事長的行程就難以順利成行！足見「暗合位」的重要！

四化專論

四化導引

　　四化引動了命盤的生命力！沒有四化的命盤，猶如沒有靈魂的軀體，徒具形體，有了四化，就有了動力，有作為方能成就各種形式的成果，這些成果即以「祿」、「權」、「科」、「忌」的方式一一呈現，豐富命盤的一生。

　　四化即化祿、化權、化科、化忌，等四化象，分別代表四種不同形態的能量、磁場、現象、趨勢，感受……等等，而此四化象，即是「星」在「宮」中所呈現出能量的展現。

　　例如，客廳的冷氣機。客廳即表十二宮之一的環境，為「宮性」。冷氣機則是宮中之「星」，為環境中的設施及設備，星性即在闡述設備的性能、功能等等。而冷氣機在客廳所發揮之效能的表現，就以「四化」來表現。換句話說，「四化」就好像是按下冷氣機的開關（通電）之後，客廳（宮）中的冷氣機（星）隨即開始運轉（四化）！若四化為：

　　@化祿表舒適的溫度。

　　@化權表可調節溫度。

　　@化科表有降溫即可。

　　@化忌表太冷或太熱。

　　藉由祿、權、科、忌的顯示，可表達出這台冷氣（星）在客廳（宮）中的表現，讓命造有哪一種「四化的感受」？有明顯的感受時表此為「實象」。假若並沒有按下冷氣機的開關（無通電），則即使是再好的冷氣機，也無冷房效果毫無作用，又怎能讓人有涼快的感受呢？沒有任何變化的感受則表此為「虛象」！

　　除此因每人對相同條件的「感受度」不同？所以祿、權、科、忌的感受也就因人而異，某甲認為「祿」的事情，乙可能認為是「忌」，就如有些人習慣攝氏溫度23度，對他而言是舒適的溫度，為「祿象」！但對於長期處於高溫環境的人而言，攝氏23度可能造成感冒、或太冷不舒服，為「忌象」！所以不同的「太極」所看的同一件事情，會有不一樣的四化「感受」。故論命時，「論命者」當以「問命者」為太極，方能精準的判斷四化的走向為何！切勿以「論命者」自己的感受，而妄下斷語！

　　紫微斗數的「用神」！即是祿、權、科、忌「四化」！在紫微斗數的學習過程中，「宮性」、「星性」的了解與詮釋，乃屬於「基本功」！也是較易入門的部分！一旦進入紫微斗數論命的精華！則非得對「四化」有深刻的了解與體會不可！方能對「運勢曲線」做出精確的判斷！對於「四化」的成因！在此先不贅述！八股制式的說明，相信大夥也看太多了！讓我們以更生活化的方式，來理解「四化」吧！

　　「四化」包含祿、權、科、忌！此四化不妨當成四種不同的「磁場」！而這四種「磁場」所入之宮，讓「人（命造）」有四種不同的「感受」！對於一般人而言，「祿、權、科」所入之宮，讓人有「好的感覺」！而「忌」所入之宮，則讓人辛苦、為難、痛苦等「壞的感覺」！因所入的十二宮職所詮釋的範圍，包含人、事、地、物、情感、心思……等有形、無形的事物！範圍甚廣！所以「四化」的詮釋也包羅萬象！但不變的是「四化的感覺」！話說：何謂「忌」？有人說：不就是「己心」嘛！也就是說痛苦、惱人的事，來自於「自己的心態（感受）」！而對於「祿、權、科」來說又何嘗不是一種「愉悅的感覺」呢？所以「四化」皆出自「人（命造）」對當宮的「感覺」！

例如：天機化忌坐財帛宮

（1）若財帛宮論「進財」：天機化忌時！

　　a. 命造可能會感受到時不我予、進財不易！而使命造感到「賺錢辛苦」！此時雖依然有賺錢，但是感覺不如預期而以。此乃天機化忌時有「卡住」不順的現象感覺！但，b. 也可能會因為財源不斷、應接不暇！以致無法照單全收！而使命造「扼腕嘆息」！此乃天機化忌時為「失控」無法掌握的現象感覺！故同樣是「天機化忌」，一則可能「難以進財、小錢難賺」！另一則可能「賺到手軟，還因無法一網打盡而惋惜」！

（2）若財帛宮論「財出」：a. 天機化忌（卡住）時，表示命造對於花錢，是感覺不捨的事！自然不易「花錢」囉！當然就「守住財」了！但若b. 天機化忌（失控）時，雖不想花錢，也會因為某些因素而「不得不」花錢！那也就是「損財」了！實際論命時，「天機忌」究竟該取「卡住（守財）」還是「失控（損財）」呢？就得看當下所論為何事？再作「合乎邏輯」的解釋！這就是活盤的運用！

化祿

　　福德之神——因、喜歡、滋潤、好、順勢、胖、資源、討喜、福德之神、春耕、緣分、機緣、歡喜、情感、情慾、柔軟、柔情、享受、撒嬌、錢、貴人、解厄、討喜、吉、福氣、擁有、滿足、惰性、財祿、食祿、多、智慧、聰明、反應靈巧、樂觀、理想、快樂、豁達、明亮、感性。

　　祿：生機中有危機、危機中有生機、可談「轉機」。

化權

生殺之神——過程、努力、突破、推動、魄力、積極、操控、力道、強勢、爭、權衡、方法、掌判、生殺之神、夏種、過程、突破、發揮、能幹、勤奮、推動、造就、再造、動能、精進、熱情、強健、權力、權勢、掌握、地位、操持、佔有（慾）、權慾、強勢、剛烈、霸氣、鋒芒、武力、大、壯、硬、剛、開創、卓越、追求、控制、自信、堅定、自主性、自立、主觀、責任、技術、計謀、方法、應變、義氣、豪氣、氣派。

權：陽（剛）中有陰（柔）、陰（柔）中有陽（剛）。

化科

應試之神——驗收、呈現、定案、認定、名聲、文墨、憑証、客氣、風度好、面子、桃花、上界應試之神、秋收、過程、功名、科舉、呈現、成就、肯定、文章、文筆、文書、憑證、資格、穩定、內涵、商量、修正、反省、柔和、客氣、隨和、少、小、可、風度、斯文、氣質、秀氣、忠實、清白、謙恭、面子、表面、素養、涵養、文雅、溫和、風雅、君子、貴人、解厄、教化、學校、受教、文化、秀才、老師。

科：認定、決定、事物的分類、定、斷、有名目的分冊、組織系統、但好壞未定。

化忌

多管之神——果、承受、守、苦、無、太罣礙、太珍惜、太過、不及、受制、耗、累、破敗、糾纏、黏、不好、痛苦、太多、太少、太胖、太瘦、太關心、冬藏、受氣、災悔（厄）、忍耐、懺悔、勞碌、奔波、牽制、牽扯、直覺、敏感、小人、耗、

累、任性、畏懼、刑煞、無緣、聚少離多、糾纏、依賴、抓、計較、得失心、不好、不討喜、痛苦、辛苦、等待、不穩定、危險、危機、欠債、負擔、吃虧、軟弱、強橫、太關心、不珍惜、太浪費、損失、太節儉、吝嗇、管束、束縛、磨難、固執、木訥、是非、嘮叨、忌妒、埋怨、困擾、雜亂、刑剋、繁瑣、悲觀、刺激、口舌、義務、回收、不得不、收藏、空虛、意外。

忌：忌有兩極一為「無緣」、一為「太牽掛」

四化型態

四化入盤

「四化」是藉由「十天干」來引動所屬的主、副星，藉由「星性」的運作與展現，呈現出「命造」所感受出來的現象！這些現象，就以化祿、化權、化科、化忌的方式來表達。

引動「四化」的宮位，稱為「發射宮」！而引動的天干，則稱為「發射干」！發射宮規範了四化祿、權、科、忌的「釋象範圍」。發射干則是「空間象」，此空間象藉由天干所引動的主、副星，來詮釋【命造對此空間象的感受】？四化在「地支盤」的落點，就是「時間象」，是四化的「應期」，也就是「空間象」所發生的「時間點」！所以要完整的詮釋四化，必須結合「空間象」與「時間象」方才有意義！否則光知道會有某些事情發生，卻不知道何時發生？那又該如何應對？何時應對呢？

十干化曜

	甲	乙	丙	丁	戊	己	庚	辛	壬	癸
祿－	廉	機	同	陰	貪	武	陽	巨	梁	破
權－	破	梁	機	同	陰	貪	武	陽	紫	巨
科－	武	紫	昌	機	右	梁	府	曲	左	陰
忌－	陽	陰	廉	巨	機	曲	同	昌	武	貪

斗數手札（一）

「主星化曜」與「副星化曜」的區別

　　十干化曜中，因為各派別有不同的認知與傳承，而有些許的不同！一般除了「庚干」的化科、化忌有所爭議以外，其餘較無爭議，在此老饕暫不作評論，對於「四化的原理」容後再敘，個人採用「庚－太陽化祿、武曲化權、天府化科、天同化忌」。

主星化曜

　　根據十四顆主星的安星法則，是根據「生日」與「命宮局數」的關係而定的，所以十四顆主星所入之宮，是命造對此宮職，【主觀意識】的表達，也是直覺的觀感，是因人而異的！

副星化曜

　　也就是包含【左輔、右弼、文曲、文昌】等四顆副星。

　　「左輔、右弼」的安星法則，取自「出生月份」，此「生年干」所化之左輔、右弼二化曜，是指懷胎十月期間，來自「父母」所提供【胎兒外在環境的保護】！包括：安胎、產檢、胎教、成長環境的供給……等等，「胎兒」並不具有選擇權，只有被動的接受，故此二星不具有化祿、化權的功能，而僅有「化科」而已。

　　「文曲、文昌」的安星法則，取自「出生時」，是指懷胎十月期間，來自「父母」所提供【胎兒身體本身的各項條件】！包括：各類遺傳、胎記、容貌、身材、體質、喜好、興趣、智能……等等，不論好的還是不好的？也都只能概括承受，故此二星，也不具有化祿、化權的選擇功能，而只有「化科」與「化

忌」。

由紫微斗數盤中得知，子為天（父）、丑為地（母）、寅始人（命造）。其中，子（父）與丑（母）暗合，引申為「父精、母血」的交合，才成就了命造（寅），同時，寅與子又為「同干通氣」此即「天人合一」！說明「寅宮」接收了父、母血統的一脈傳承！

「卯宮」，此表命造在母體（丑）內，十月懷胎期間的孕育過程，所以「卯酉線」，又稱「陰陽線、桃花線」！除此，卯宮與丑宮（母）互為「同干通氣」，表徵命造是在「母體內」，經過十月懷胎的孕育過程！在這過程中，左、右、昌、曲 的各項條件，不斷的加諸進來，直到出生的瞬間（落土時）才就定位！而此十月懷胎期間，不論時間的長短，都算一歲，所以論命時，命造的年齡一出生就算一歲了（虛歲）！

「辰宮」，歷經十月懷胎的過程（卯宮），在辰宮時「出生」！同時也決定了命造的「生辰八字（落土時）」！這十四顆主星與左、右、昌、曲四顆副星，於是瞬間各就各位！故左、右、昌、曲四顆副星的安星法則，即由「辰宮（順排）」與「戌宮（逆排）」為起算點！

1. 生年四化（體）

（1）生年四化，是由中宮（第十三宮）的「出生年干」四化而來，此生年四化為老天給的，與生俱來的，伴隨一生，無從選擇，所以生年四化在盤面上的位置，是永遠固定的，不因時空的改變而改變。所以，一般排盤時，都會以紅筆直接標示化祿、化權、化科、化忌 於化曜星的下方。

（2）中宮為生年四化的發射宮，而十二宮中與中宮相同天干的宮位，即是中宮藉由此宮（亦稱：來因宮）來引動命造此生的「生年四化」。而中宮（第十三宮）中的資訊，除了生辰八字以外，尚有與「前世」資訊密切關聯的「命主星」與「身主星」！所以中宮藏著「前世」與「今生」關係的祕密哦！

（3）生年四化為「先天命格」運作的先天條件，不同的人，以不同的方式，來驅動與生俱來的優勢與劣勢。

（4）生年四化為「體」，為「靜」，不帶吉凶！就像一部電腦的原始硬體設備，祿、權、科、忌，猶如這些硬體設備中所具備的「優劣條件」！如：「祿」可表此硬體設備較優的部分，如：外觀輕巧，容量大，功能強⋯⋯等等！而「忌」，就是這些硬體設備中的「缺點」，然而此缺點不一定會造成當機或無法執行，故不帶吉凶。

（5）生年四化是早已具足與呈現的化象！既已成象！故祿、權、科、忌可分別「單一論斷」，當然亦可「一脈相連」呈現生年四化的來龍去脈。

2. 宮干四化（用）

「宮干四化」的詮釋，這四化是不可分的！祿、權、科、忌，可完整陳述一件事、一個狀態、一種現象、一處環境⋯⋯等等。存在我們周遭的人、事、地、物、現象乃至一種心境，無所不包，而引動此宮干四化者的「發射宮」及「發射干」，為四化的【起因宮位】，猶如「開關」一樣，一旦打開開關，四化隨即開始一路運作到底！然一般論盤過程中，皆先以祿（因）、忌（果）所落之宮，先判定吉凶？但此吉凶的判定？必須依附在

「生年四化」的先天環境、條件之下（體），如此藉由四化的「體用關係」，才能判定吉凶？再斟酌其影響層面，進一步進行「化權」與「化科」的過程釋象，故化祿、化權、化科、化忌皆不可忽略。

@發射宮（干）--- 起因、發動、引動，此宮規範了祿、權、科、忌的「釋象範圍」。

@化 祿 --- 因、起頭、開始。

@化 權 --- 努力、抉擇、掌控、前段過程。

@化 科 --- 定案、定局、認定、後段過程。

@化 忌 --- 果、堅持、辛苦、忍受、結果。

（1）由祿、權、科、忌，一連串的運作，方可成就一段歷程。若執行至「化權」即想打退堂鼓？此時也無法回頭，必行至終了到「化忌」！方告一段落。

再則，即使一路進行至忌，而卻無法辛苦堅持到底！那也得不到祿、權、科所顯現的「吉象」！即若想獲得祿、權、科所指之象，則視「忌」的拿捏如何而定？忌掌控不好，則祿、權、科為「虛祿」。反之，若忌掌控完美，則祿、權、科即可為「實祿」！故四化為紫微斗數的用神，而化忌又為四化的用神。

（2）十二宮的宮干皆可四化，「宮宮皆太極」！此為「宮干四化」，每宮的宮干皆可「選擇（太極）」是否要引動當宮四化？因十二宮皆可為「我用」，亦可為「他用」，故四化發展與走向？當然掌握在命造手中，吉凶禍福亦由命造來承擔。

（3）宮干四化為「動」，為「用」，有吉凶！宮干四化既出，即代表我引動了某宮的四化，可釋為命造在此宮職中的運作模式！也是一種行為模式！藉由祿、權、科、忌，來詮釋此宮職的因果業力如何？是吉？是凶？端看四化的運作如何而定？

（4）十二宮的「宮性」，不只本命盤的十二宮而已，亦可加入「轉宮」的概念，及「定位法」，則論盤的範圍及深度將更寬廣，更深入。

（5）宮干四化一旦引動！則祿、權、科、忌 一脈相連！一旦「起因」之後，則必經 化祿、化權、化科 過程，而終至化忌而止！有因（祿）必有果（忌），故「宮干四化」不能單論。

（6）當「發射宮（干）」所引動的四化，落入發射宮當宮時，稱為「自化」。若是化祿，稱為「自化祿」。化權，稱為「自化權」。化科，稱為「自化科」。化忌，稱為「自化忌」。因化入「引動位（發射宮）」，故此「自化」當宮必有變動，既有變動，則【定有動作】的產生。這產生動作的宮位正是「發射宮（干）」的位置，所以是屬於【太極自身的行為動作】！而此動作的傾向與趨勢，應參考「同類生年四化象的特質（法象）」！因為「生年四化」是命造的「先天因子」，什麼人會做什麼事！必會影響命造後天的「同類四化」的操作。

當然「自化」也不能單論，須祿、權、科、忌一起參酌才能完備。

3. 宮干自化（用）

（1）當宮干四化，逢「引動位」自化時！若要法象生年同類四化（體），則須視此生年同類四化所入之宮，為「引動位」之何宮？方能為法象之「詮釋範圍」。

例如：財帛宮「自化權」，父母宮坐「生年權」。若所論太極（引動位）為財帛宮「自化權」，法象生年權時，應以「財之友（父母宮）」的宮性詮釋此生年權！因為太極為「財帛宮」之故。

又若同盤中，若田宅宮亦「自化權」，則田宅宮「自化權」法象生年權時，也應以「田之夫（父母宮）」的宮性詮釋此生年權！因此時的太極為「田宅宮」了。

（2）「自化」，表示當宮原本雖擁有該宮的主、副星、四化所呈現的「宮象」，但當逢「自化」時！則表示該宮的「宮象」必有改變！至於如何改變？就得法象「同類生年四化」入其何宮而定？至於吉凶？則應以當下所論之事的「改變狀況」來評斷？若該宮原有的宮象為「吉」，則逢自化時有可能「更吉」？也可能「反凶」，反之，若該宮原有的宮象為「凶」，則逢自化有可能「反吉」？也可能「更凶」？所以自化的吉、凶並非一定？至於自化祿、自化權、自化科、自化忌，只是命造在該宮的宮象進行改變之後的「感受」而已！

（3）當逢「自化祿」時基本釋象

  a. 當該宮為「吉象」時！逢「自化祿」，表示命造在該宮的宮象進行改變之時，是歡喜的、無關緊要的、甘願的、樂意的……感覺！當「自化祿」之後，亦為「吉象」，則表示命造把握了既有的天時與地利，加上自己

的積極改變，如此即是錦上添花！吉力加倍！此即「自化祿」之一。

b. 當該宮為「吉象」時！逢「自化祿」，亦表示命造在該宮的宮象進行改變之時，是歡喜的、無關緊要的、甘願的、樂意的……感覺！當「自化祿」之後，變為「凶象」！則表命造未能把握既有的天時與地利，而弄巧成拙適得其反！造成「凶象」的產生還「無關緊要」！所以一般認為「自化祿」該得到而未得，而心態又無關緊要！是故認為命造不懂得珍惜！

c. 當該宮為「凶象」時！逢「自化祿」，表示命造在該宮的宮象進行改變之時，有無關緊要的、甘願的、認命的……感覺！當「自化祿」之後，反為「吉象」，則表命造已改變心態或趨吉避凶、積極面對故迎刃而解！

d. 當該宮為「凶象」時！逢「自化祿」，表示命造在該宮的宮象進行改變之時，有無關緊要的、甘願的、認命的……感覺！當「自化祿」之後，依舊為「凶象」時，則表示命造雖積極面對，卻弄巧成拙、越搞越糟、反而更凶、自找麻煩！至此尚能輕鬆以對！

（4）當逢「自化權」時基本釋象

a. 當該宮為「吉象」時！逢「自化權」，表示命造在該宮的宮象進行改變之時，採取強勢的主導、積極的面對、力求更好、也可能選擇安於現狀……的心態！當「自化權」之後，亦為「吉象」，則表示命造把握了既有的天時與地利，加上自己的積極進取，更上一層樓，如此即是錦上添花！吉力更為加倍！

b. 當該宮為「吉象」時！逢「自化權」，亦表示命造在

該宮的宮象進行改變之時，採取強勢的主導、積極的面對、力求更好、也可能選擇安於現狀……的心態！當「自化權」之後，反為「凶象」，則表示命造並未把握既有的天時與地利，雖然積極又進取，不僅沒有更上一層樓！反而因操控失當而陷入凶象之中！

c. 當該宮為「凶象」時！逢「自化權」，表示命造在該宮的宮象進行改變之時，亦採取強勢的主導、積極的面對、力求改變現狀、也可能選擇放棄努力……的心態！當「自化權」之後，反為「吉象」，則表示命造雖面對凶象，卻能善用自己的優勢，積極努力翻轉凶象而轉化為吉象！

d. 當該宮為「凶象」時！逢「自化權」，表示命造在該宮的宮象進行改變之時，亦採取強勢的主導、積極的面對、力求改變現狀、當然也可能選擇放棄努力……的心態！當「自化權」之後，依然為「凶象」，則表示命造面對凶象，雖然也積極面對問題、解決問題，卻依然不得要領，無法解除凶象！

甚至！方法錯誤、運作失當而更加重凶象！

（5）當逢「自化科」時基本釋象

a. 當該宮為「吉象」時！逢「自化科」，表示命造在該宮的宮象進行判讀與認可時，依自己的能力與認知，來判讀與認可、包裝、展現……此「吉象」！

當「自化科」之後，依然認定為「吉象」，則表示命造的能力與認知，判斷正確！依然延續運作模式，故而維持「吉象」，顯示眼光與能力皆優於常人。

b. 當該宮為「吉象」時！逢「自化科」，表示命造在該

宮的宮象進行判讀與認可時，依自己的能力與認知，來
判讀與認可、包裝、展現……此「吉象」！

當「自化科」之後，因自己一時失察或剛愎自用，而誤
認為「虛吉」，進而推翻原來的運作模式，而使原來的
「吉象」變為「凶象」！此乃命造自己眼光短淺、學識
素養不足所致。

c. 當該宮為「凶象」時！逢「自化科」，表示命造在該宮
的宮象進行判讀與認可時，依自己的能力與認知，來判
讀與認可、包裝、展現……此「凶象」！

當「自化科」之後，依然認定為「凶象」，則表示命造
的能力與認知，判斷正確！則進行最後的確認與定案，
而將凶象減輕或反為「吉象」！

d. 當該宮為「凶象」時！逢「自化科」，表示命造在該宮
的宮象進行判讀與認可時，依自己的能力與認知，來判
讀與認可、包裝、展現……此「凶象」！

當「自化科」之後，卻誤判情勢為「吉象」！則表示命
造自己的能力與認知十分不堪，以致誤判情勢，因而喪
失轉危為安的契機！

（6）當逢「自化忌」時基本釋象

a. 當該宮為「吉象」時！逢「自化忌」，表示命造在該宮
的宮象進行改變之時，有窒礙難行、辛苦維持、守成
不易……的感覺！當「自化忌」之後，依舊維持為「吉
象」時，則表示命造對此宮付出了相當大的代價與努
力！而且應對得當，才能辛苦地守住成果！

b. 當該宮為「吉象」時！逢「自化忌」，表示命造在該宮
的宮象進行改變之時，有窒礙難行、弄巧成拙、適得其

反……的感覺！當「自化忌」之後，結果變為「凶象」時，則表示命造對此宮雖然付出了相當大的代價與努力！縱然辛苦，卻也守不住成果，而懊悔不已！

c. 當該宮為「凶象」時！逢「自化忌」，表示命造在該宮的宮象進行改變之時，有窒礙難行、辛苦承受、改變艱難……的感覺！當「自化忌」之後，卻能轉化為「吉象」時，則表示命造對此宮顯然付出了相當大的代價及努力，除此，也應對得當方能化險為夷！或凶象減輕！一般若不懂命理或福報不足者，恐難達成此「趨吉避凶」之象？

d. 當該宮為「凶象」時！逢「自化忌」，表示命造在該宮的宮象進行改變之時，有窒礙難行、辛苦承受、改變艱難……的感覺！當「自化忌」之後，卻依然為「凶象」時，則表示命造對此宮雖然付出了相當大的代價、努力改變與突破，卻依然無法突破現狀，甚至弄巧成拙反而更凶！至此而懊悔不已！此為最糟的狀況了！

（7）當「自化」時，因「引動位」為當宮
所以此自化的原始動機，可法象「同類生年四化象」，此動機必須考量命造原始的先天命格與心態，才能使判斷更趨近於事實演化！

（8）當「引動位」自化時，不僅須法象「同類生年四化象」同時也應參考「引動位」所引起的其餘四化與自化之間的關係與來龍去脈，因「宮干四化」不會單獨存在。

4. 運限四化（相對之體、用關係）
（1）人生的生命曲線是「連續性」的，漸進式的，不可能有

255

段落之分！但為方便區隔運勢的改變，我們將它區分為數個區間，因此才有十年大限、小限、流年、流月、流日、流時的產生。

（2）每個運限的「起始」與「終了」，皆環環相扣，所以上個運限的果報（終了），成為下個運限的業因（起始），既是業因與果報，就已摻雜了我們對上個運限因祿，權，科，忌，而造成最後運勢的「感受」！這感受決定了命造對運勢結果的註解，究竟是吉、是凶？也只有命造自己能體會了！

（3）運限四化「相對」於生年四化時皆為「用」！為「動」！有吉凶！在每個運限階段當中，若「本命盤為體、則第一大限為用」、「第一大限為體、則第二大限為用」、「第二大限為體、則第三大限為用」……以此類推。除此，本命四化為體、大限四化則為用」，若「大限四化為體、流年四化為用」，若「流年四化為體、流月四化則為用」……也以此類推。以此主導當下運限的吉凶禍福，當然每個人的感受不同，如人飲水，冷暖自知。

「忌」與「沖」的不同

　　紫微斗數的精髓，在於「四化」，而四化的用神在於「忌」！論忌時，難免伴隨著「沖」的產生，然而此沖並不等於忌，但忌卻包含了沖。一般時下論命，當論「應期」時，祿、權、科、忌與沖所入之宮皆為應期，但「沖」卻不屬於四化？何故？

　　祿、權、科有「照」！忌有「沖」！照不為應期，「沖」卻是不可不注意的「應期」！又是何故？

　　祿、權、科三奇，利益須入「我宮」才能顯示「實際擁有」！但是「照」有可能只是點到即止，甚至未能實際擁有（虛祿），未必得利，故不為應期。反之，忌入之宮與所沖之宮（對宮）皆受此忌的影響，傷害的造成，往往無須正面衝突（忌入之宮），反而在忌沖後造成的殺傷力「可能」帶來無法估計的損失（忌沖之宮）！由此可知，「沖」是命造行使祿、權、科、忌之後，所產生的「影響力」所致？

　　若為「吉象」！此「忌衝」可釋為過關、衝出、化解……等正面的解釋。若為「凶象」！此「忌沖」則可釋為失敗、損失、過不了關、受傷……等負面的解釋。沒有忌的運作，就沒有「衝（吉象）」或「沖（凶象）」的產生！而「忌入之宮」命造可操作，但「受忌沖之宮」卻無法掌控！

四化的釋象！大致上可區分為二種方式

平盤式：就是單盤的四化解釋，即發射宮所取的「宮性」，與所化出的四化皆屬同一層級的命盤。如；大財為發射宮，化祿入大夫、化權入大子、化科入大命、化忌入大田。此種四化解釋，是針對問題點的「來龍去脈」為主，能詳細的描述問題的發展過程，但吉凶未定？

跳躍式：就是俗稱「立體論命」，取三盤為「連續層級」的運限盤，由大而小分屬天、地、人三盤，如：

（1）本命盤為天、大運盤為地、流年盤為人

（2）大運盤為天、流年盤為地、流月盤為人

（3）流年盤為天、流月盤為地、流日盤為人

（4）流月盤為天、流日盤為地、流時盤為人

以（1）為例，「發射宮」取自大運盤（地），四化入本命盤（天），以本命盤的「宮性」來解釋為何種現象（上象）？而四化的落宮為流年（人）的應期年（下應）。用法可簡記為：「上象下應」！能明白行運中的吉凶結果為何？雖較麻煩，但準確度極高，若能勤加練習，功力必大增。

相同四化！因「太極」的不同，
有不同的解釋範圍

　　例如：

　　發射宮：子女宮！化祿入疾厄宮、化權入子女宮、化科入福德宮、化忌入命宮。

　　太極為（命宮）：此為最常見的使用方法，太極的設定決定了四化的解釋方向！發射宮為事起之因，所化出之四化分別入「命宮」之何宮？如上例，則直接以所入之宮性解釋即可。及此四化對「命宮」的影響。

　　太極為（發射宮）：如上例；太極為發射宮（子女宮），則化祿入「子女的夫妻位」、化權入「子女的命位」、化科入「子女的交友位」、化忌入「子女的田宅位」。此種論法是針對「太極（子女宮）」的運作方式，作全盤式的瞭解，才可掌握子女宮的運作模式。

「忌入」與「忌出」

「忌入、忌出」是【專有名詞】！其應用，目的是在判別此組四化「最終的掌控權」，究竟是落入「我宮」？還是「他宮」？方能判別能否掌控四化？是論命時吉凶的指標！

當「化忌」入十二宮時，並不一定造成命造的嚴重損失或影響，忌沖他宮時，未殃及命造，並不為禍，只要守即可過關。但若忌沖我宮，則大凶！宜「趨吉避凶」，方可過關。

當大限的命、財、官「化忌入」本命的命、財、官時，並不會造成命造嚴重的影響，主守、收藏、低調，謂之「忌入」。行運時宜凡事謹慎行事，切勿好高騖遠，否則易得不償失。

當大限的命、財、官「化忌沖」本命的命、財、官時，必定造成命造重大的損失，或影響，主凶，謂之「忌出」。行運時必須特別留意忌入之宮，有哪些星?星性為何？宮性為何？而受沖之宮又有哪些星受沖？若能充分了解，則定能找出適當趨吉避凶的方法。

此處所指的「忌入」與「忌出」的分辨，目的是為了判定此組四化，是吉？還是凶？能否為自己所掌控？

若為「忌入」型態：

表示此組四化的運作，終將為命造所能掌控與擁有。只要掌控得當，可判定為「吉象」。

若為「忌出」型態：

則表示此組四化的運作，將為命造所難以掌控與擁有，甚至遭受磨難與損失！而必須藉由第三者的助力，才有機會扭轉局勢。故判定為凶象。

定數

「冥冥中自有定數」，此定數以老天的角度而言，似乎天下之事皆由祂一手包辦，想如何就如何！想怎樣就怎樣！似乎半點不由人？就連我們的心智，作為，甚至果報都一併列入掌控之中。既是「定數」，那豈不是完全沒有轉圜的餘地？轉運？改運？乃至運命？豈不是流於空談？

老饕認為，冥冥中確有定數，然而此定數應是自然界中的定律所造成的環境，是規律的，是周而復始的，否則如何稱為「定數」，況且「大自然」是如此之大！而「人」是如此之渺小！大自然對人的影響甚大，然而人對大自然的影響是多麼的有限。所以每當大自然的環境有所改變時，人總是要有「適當」的應變措施（應數），因應這既來的「定數」。

就像老天「下雨」，就是「定數」，然而這大自然的現象，在我們的生活當中，是多麼的稀鬆平常且規律，但是「下雨」對於不同地區，不同動植物，不同的環境，甚至不同時節，都會造成不同程度的影響。所以「定數」不一定對某人造成某種程度的影響，端看閣下如何做出「適當」的應變措施，才能將損失降到最低！

以紫微斗數盤而言，由「宮、星、四化」的排列組合，進而所成之「象」，就是屬於此命盤的「定數」為「體」！而此「象」隨著「宮性」與「星性」的取用不同，所成就之「象」，也有許多種不同的釋象結果！而這眾多的釋象結果都屬於此命盤的「定數」之一！雖然許多擁有相同命盤的人，其「宮、星、四化」的排列組合一模一樣，但其「釋象結果」也有千百種之多！

即使是相同命盤的人，雖「定數因子」相同，但其定數的「釋象」也不一樣哦！只是，每個人的命運都是不可逆的結果，隨著時間的推移，每個動作、每項選擇……一旦付諸實行！則無論命運結果如何？都不能重來！所以每個人在每個「時間點」上的抉擇！都只是眾多定數選項中的其中一個選擇而已，且是「唯一」的一次機會！

故在某個「時間點（應期）」未發生前，其定數雖多，但是不變的！隨著命造對每個「星性的取用」不同，同一定數的演變，也就有不同的釋象結果！當時間點（應期）發生的當下，命造的抉擇（應數）！決定了定數的取向，所造成的「命運結果」當然就是盤中眾多「命運結果」當中的其中一個！所以即使是一模一樣命盤（雙胞胎）的二人，雖然擁有一樣的「定數」，但因為二人的抉擇不一樣（應數），且每個運限的抉擇也都不同，更隨著年齡的增長，差距也越來越大！命運結果當然也天差地遠了！

應數

　　即便老天先有了「定數」！何事會發生？何時會發生？乃至發生何事？因為是「定數」，則必定有脈絡可循，然定有其「相應之道」，此道即為「應數」為「用」，此應數因人，事，地，物，時空的不同，對「定數」的「處置」也就不一樣，而有不一樣的命運結果產生，然而這命運結果造成的吉與凶？無關定數的發生。既有的現象，是規律軌跡中的一部分，所以無論是誰，一旦遇上此「定數」！

　　「應變措施（應數）」決定了吉凶禍福，是福？是禍？當然，是人應對後的結果，即是「因果」。

　　試想！某年、某月、某日、某時。突然下起傾盆大雨，這場雨是「定數（體）」，若：

　　甲君：適逢失戀，精神渙散，雨中淋雨……造成的結果定然不妙！

　　乙君：正與情人熱戀，共撐一把傘，雨中散步……可想而知，這是場多麼美妙的「小雨」。

　　丙君：為了急事！冒雨趕路……

　　難道閣下，會認為老天下雨，是衝著某位仁兄而來？當然不是！所以，凡事之吉凶禍福，皆由個人的「行事做為（用）」，即是「應數」，所造成！切勿怨天尤人，只有時時刻刻警惕自己，方可長保平安。

　　就紫微斗數命盤而言，本命盤與生年四化「所成之象」，即是命造與生俱來的「初始定數（體）」！隨著時間的推移，從第一大限、第二大限、第三大限……直到壽終正寢！而第一大限

第一年開始,在一連串的選擇與運作(應數)當中,不斷的改變「初始定數」,當第一大限結束之時,此第一大限所成就的「命運結果」,已經成為第二大限的「定數」!第二大限所成就的「命運結果」,也成為第三大限的「定數」……以此類推!

仿此,去年的運勢結果為「應數」,相對是今年的「定數」、而今年的運勢結果「應數」,是明年的「定數」!然而明年是未來式,其「應數」的吉凶,尚是未知數?所以只要把握當下流年,就能為明年奠定不錯的「定數」條件!這也是算命的主要目的!所以,命理師「算命」所指的是「測算定數(體)」!而決定吉凶的「應數(用)」,則是掌控在命造的手上!切勿全部推給命理師哦,畢竟命理師不能替你過日子啊!

以上,「定數」為「體」!「應數」為「用」!「定數」為既成的事實環境與條件,在命盤中是可以藉由命理理則推算出來的!且是規律的,故可推論其定數的條件為何?這也就是一般時下的「算命」!「應數」是命造在「定數」的環境之下,於「應期」之時所採取的應變措施(星性的發揮),也就是「應數」所成就的命運結果!這也就是「運勢」的形成!此「應數」是屬於命造的個人自由意志行為!是命理師乃至他人都無法控制的!故「運勢」是不能算的!所以沒有「算運」這回事!即便如此!「未來運勢」還是可以針對「當下的定數條件」與「命造的專屬條件」,進行未來命運結果的「預測」!

捌

流年運勢的論斷

小限盤

(1) 小限盤取法

　　a. 以「生年支」取之。

　　b. 寅、午、戌年生者，於辰宮起小限一歲。

　　　　申、子、辰年生者，於戌宮起小限一歲。

　　　　巳、酉、丑年生者，於未宮起小限一歲。

　　　　亥、卯、未年生者，於丑宮起小限一歲。

　　c. 依「男順女逆」，由小限一歲起流年逐宮依序輪值。

(2) 小限盤的基本架構，在於生年支（生肖）必位於小限三合（命、財、官）的【遷移位】，即為小限命宮的「夫妻宮」或「遷移宮」或「福德宮」三宮之中的其中一宮，此三宮首重命造的「行為表現」，亦即小限盤著重於流年命造的處事態度、行事作風、價值觀的認定等行為，所造成的流年運勢曲線。

(3) 因「男順女逆」行運不同，男小限盤與流年盤的方向一致，故小限盤與流年盤的「相對關係」永遠不變。而女小限盤與流年盤的走勢方向相反，所以相對關係無一致性，所以無論男女，若想探討小限盤與流年盤的「相對關係」？

　　當取「生年支（出生流年盤）」與「小限一歲」所落之宮為原始參考點，觀其「相對關係」為何？

（4）「生年支（出生流年盤）」與「小限一歲」的關係，只
　　有三種狀況，即命夫、命遷、命福的關係，藉由此關係
　　可了解小限盤的基本架構為何？論命時方可掌握重點及
　　方向。

（5）月份的取法
　　以小限命宮當宮起正月，依序順安十二個月份，月份的
　　四化以當宮之宮干四化出。參考生年四化的影響。

（6）流日的取法
　　a.陰男陽女者，於該月令之宮起一日，順數日期所落之宮
　　　即為「流日」。
　　b.陽男陰女者，於該月令之宮的順下一宮起一日，順數日
　　　期所落之宮即為「流日」。

太歲盤

（1）太歲盤取法

　　a.以「流年支」所入之宮，為「太歲盤」的命宮，並逆佈其餘十一宮。

　　b.太歲盤應以「太歲干」重起「五虎遁」重定宮干，新宮干為太歲盤之十二宮所取用。

　　c.取「值年太歲」之天干，四化入太歲盤中。

　　d.論命時，以生年四化為「體」，太歲四化為「用」，方可詳論流年運勢。

　　此法屬「天人合一」的論法。

　　e.太歲盤與流年盤的論法一樣，疊宮與暗合皆不可少。

　　f.太歲盤多為新事物，新景象，受當下環境影響甚鉅，且四化每人皆同，因共同生活在相同的大環境之中，受相同的環境所影響。

（2）月份的取法：

　　a.以寅宮為正月。

　　b.從寅宮起正月，順佈十二月份。

　　c.新宮干為月份的天干，欲知流月之運勢，則以流月宮之宮干四化出即可了解當月之運勢，並參考「太歲四化」。

（3）流日的取法：

　　a.陰男陽女者，於該月令之宮起一日，順數日期所落之宮即為流日。

　　b.陽男陰女者，於該月令之宮的順下一宮起一日，順數日期所落之宮即為流日。

流年盤

（1）流年盤取法：

a. 以「流年支」所入之宮為「流年命宮」，並逆佈其餘十一宮。

b. 取「流年命宮」之宮干四化入流年盤。

c. 論命時，以生年四化為體，流年四化為用，方可詳論流年運勢，若能再加入大運則更加完備（天地人）。

d. 疊宮與暗合更能凸顯問題的屬性，使我們在看待問題時更深入，甚至一針見血。

e. 流年盤的論斷多與舊事物有關，或由舊事物發展出的新展況，所以與去年甚至前年都可能有因果關係。

f. 流年盤所取之「流年命宮」四化，因各人命盤的不同，流年命宮宮干亦不同，故每人的流年四化各異。因每人所論的事務並不相同。

（2）月份的取法

a. 先看本命盤之寅宮為「何宮」？

b. 則流年之「何宮」即為「流年斗君」，也就是正月。

c. 正月定，順排其餘十一個月份。

d. 若以月份之宮干四化出，可看當月之運勢。

e. 例如本命盤之寅宮為「交友宮」，則流年盤之「交友宮」即為正月，每人的流年斗君是一輩子不變的。

（3）流日的取法

a. 陰男陽女者，於該月令之宮起一日，順數日期所落之宮即為流日。

b.陽男陰女者，於該月令之宮的順下一宮起一日，順數日
　期所落之宮即為流日。

制式論命法

（1）命盤之天、地、人的相互運用。

（2）地藏數，故取地之宮干四化出，上象天盤，下應人盤。

（上象下應）

（3）

a.

天……本命盤

地……大運盤

人……流年盤

b.

天……大運盤

地……流年盤

人……流月盤

c.

天……流年盤

地……流月盤

人……流日盤

d.

天……流月盤

地……流日盤

人……流時盤

（4）先看大命為本命何宮？此宮為這十年運勢之太極點，中心點。

（5）取大運命宮宮干四化入本命盤，由祿、權、科、忌解釋現象，但不帶吉凶。僅為示象（上象）。

（6）再以此四化的落點為流年的應期點，所應之事，為上象所表之事（下應）。
即以流年為太極，反映出大運四化之象，此時之四化則帶有吉凶之象。

（7）若大命為本命之何宮？則大命何宮亦為此大運之重點宮位，可取其四化帶入盤中。

（8）若以流年盤為主，大運四化入其十二宮形成流年之吉凶悔吝。然而隨著流年的改變，四化所入之宮亦隨之而變。

（9）若取流年四化，則上象大運盤，下應流月盤，其餘依此類推。

（10）祿、權、科三奇入三合為實，否則為虛。

（11）忌入三合為守（忌入），忌沖三合為凶（忌出）！大沖小為守，小沖大為凶。

基礎論命法則

(1)「命宮」為主，了解命造的個性、特質為何？所謂「什麼人做什麼事」，命宮所坐之星，其星性決定此命造對任何人、事、物、情緒、思想乃至環境等做出符合該星特質的抉擇。不同的星自然有不同的反應。

(2)「身宮」為後天命宮，亦即命宮行事作為的模式，也是後半輩子順心生活的指標，影響老運甚鉅。故此身宮宜儘早做好準備與規劃，所以「前半生所努力的目標」即是「身宮」所示之象。

(3)「命、財、官、遷」，此三方四正為深入了解命宮的不二法門，藉由不同的角度剖析命造的個性、特質（命）、價值觀（財帛）、行事作風（官祿）、表現方式（遷移）等，此為「命、財、官」三合的角度看法，而「遷移宮」則是命造的表現方式，不同的角度，會有不同的表現方式。

(4)「生年四化」入盤，本命盤中的「宮、星」構成命造的基本命格，表示於某個環境中，具備了某顆星所代表的特質。若比喻為電腦，則宮、星所構成的命格為先天條件，是與生俱來，無從選擇，猶如電腦的硬體設備，既有的螢幕、鍵盤、處理器……等等。

加入生年四化，即為「引動星性特質」的先天能量及磁場，在某種特定的條件下，星被引動，以祿、權、科、忌的形態表現出來，就像電腦一樣，每部電腦都有螢幕、鍵盤、滑鼠、處理器……等基本「硬體設備」。若

螢幕「化祿」，即表示螢幕擁有高畫質、高解析度，或尺寸大、色彩鮮明。

「化權」，即表功能性強，可自由選擇。

「化科」，可表外觀造型醒目。

「化忌」，即表解析度差、不清晰、有缺陷。

所以生年四化是以祿、權、科、忌的型態來形容十二宮主觀的優勢及劣勢，但不表吉凶？螢幕差、解析度差並不表示電腦不能用，只是感覺比較差，不順手，色彩不好而已。

（5）「大運四化」入盤，生年四化為「體」，為「先天格局」，不帶吉凶！大運四化為「用」，為「後天運勢」。在本命盤及生年四化的架構下，大運盤加上大運四化的運作，此十年運勢中，由於不一樣的盤、不一樣的人、不一樣的做法、不一樣的……種種，造成不一樣的命運結果！吉凶悔吝皆在於大運四化的運作為何？

（6）「流年四化」入盤，論流年的方法分別有「流年盤」、「小限盤」、「太歲盤」，皆可論一年的運勢，不同的盤面，其太極點當然不同，所著重的範圍亦不盡相同。

（7）「流年盤」著重在「個人的起心動念」，四化亦每人不盡相同。

（8）「小限盤」則著重「個人的行為表現方式」，隨盤各異。

（9）「太歲盤」則著重「環境條件對個人的影響」，由於每人所處的是同一個時空，故四化也就一樣。

論斗君

何謂斗君

斗：為容積的計算工具（漏斗），同時也是計量單位，有固定的計算刻度，當然此刻度所表示量的多寡，是人類所制定的。比「斗」大的東西若以斗來形容，則表示「小」，反之，比「斗」小的東西若以斗來形容，則表示「大」。故此「斗」的大小與多寡乃表現出個人的主觀意識，不同的人有不同的標準。

例如：斗室：為小房間。 斗膽：為大膽。

於紫微斗數中，相同命盤者眾，然非人人因同命而同運，且由個人如何以此「斗」來衡量自己每段的運勢，為自己規畫出自己理想的人生曲線。

君：「尹」有管理、掌理庶務的意思。「口」有號令、權令之意。故君為掌控、管理、為首之意。

斗君：所謂「一年之計在於春，一日之計在於晨」，即在說明「起頭」的重要性，此力道關乎成敗致鉅。每一件事、每一個工作、每一段歷程、每一個舉動……等等，都有一個「起始點」，若起始點施力不當，往往一蹶不振，捲土重來則加倍辛苦。若能掌握這起始點的契機，一鼓作氣，往往事半功倍，成效卓著。故「斗君」所指，即是氣場介入的「起始點」！是故「流年斗君」為「正月」，為一年的「起始月」。

斗君探源

「天開於子、地闢於丑、人由寅始」！這「先天之氣」來自於地支「子宮（天位）」，且經由命造的「生月、生時」的定

位，將此「先天之氣」灌入「子年斗君位」，因此氣來自於地支「子宮（天位）」，故名之「子年斗君」！此「子年斗君」引導並推動著命造的行運！

而「寅宮」既是「人位」，此「後天之氣」自然就在當宮（寅宮）囉！除此，由「寅宮」起正月，順數生月所落之宮再起子時，逆數生時定「命宮」、而順數生時則定「身宮」！由此可知「寅宮（後天斗君）」就是「命宮」與「身宮」的源頭！

除此，定「紫微星」與「天府星」，也是源自於「後天斗君位（寅宮）」！可從排盤法則中明確了解，故可以想見「寅宮」的重要性了！

先天斗君（又名：子年斗君）

為「上蒼」所賜與的先天之氣的「起運點」，非個人、環境所能影響及改變，是與生俱來的氣場，先天命格由此開始運作，注入行運的第一股力量。

（方法一）：取「生月」及「生時」求之。

以「子宮（天位）」起正月，逆數生月，所落之宮再起子時，順數生時，則所落之宮即為「先天斗君」之宮位。

（方法二）：視本命盤「寅宮」為十二宮之「何宮」？則以「子宮（天位）」立命宮，其「何宮」亦為「先天斗君」之位。

（1）先天斗君位所落之宮，表此人於行運時，其所做所為自然而然受「此宮之先天氣」所引導，並為此宮所影響、推動，此乃個人天性使然。

（2）先天斗君位，其影響有限，一般論命時較不重視，當論及前世與今生的因果關係時，則是一個重要的線索。

（3）先天斗君位，必為命盤十二宮中的奇數宮位之一。如：

1命、3夫、5財、7遷、9官、11福 等六宮。

（4）若加入三合、暗合、四化則先天斗君帶給我們的資訊將
　　　有助於了解，今生的先天使命為何？

後天斗君（寅宮）

　　「寅宮」即為「後天斗君」！為命盤個人，「後天運勢」
起運時的氣場，舉凡任何事在做之前，命造必先考量的因素，此
「後天斗君」為個人所能掌控，也是行運時命造最在乎的先決條
件。

　　後天斗君是行運時，命造的原動力，也是排盤時，命宮與
身宮的起始點！此「動力」不為命造因時、因事、因地、因人的
需求不同，而有所改變。若將斗數命盤逆轉45度，其形似漏斗，
「寅宮」恰巧為漏斗之最底部，為計量時的「起始點」，人生的
行運，就從此開始運作，累計而至終了。

流年斗君

　　為「流年盤」的「起始月份」，即「正月」，也是流年運勢
行運的「起運點」，好的開始是成功的一半，若能把握流年斗君
的趨勢，則接下來的一年就可事半功倍。

取法：

（1）視寅宮為十二宮之「何宮」？

（2）則流年之「何宮」即為流年斗君，為正月，再順佈其餘
　　　十一個月。

（3）另法為，以「太歲支」為太極，逆數「生月」，於當宮
　　　起子時，順數「生時」，所落之宮即為「流年斗君」
　　　位。

　　「流年斗君」為「流年盤的正月」，順時針依序安其餘十一個月份，每個月的運勢皆可由當宮宮干四化出，了解當月該注意的事項為何？

　　用法：

（1）「斗君為動」，因它屬我的起動宮位，其四化為我所引動。

（2）流年盤相對流年斗君為「靜」為「體」，可顯現流年所呈現之象為「用」如何？

（3）流年斗君之宮干「四化」，在垂象上較為犀利、不帶吉凶。

（4）流年斗君四化入本命盤（天人合一），可了解垂象為何？發生何事？有何現象？

（5）流年斗君四化入「流年盤」十二宮，所落之宮為事起之因。

（6）流年斗君「化科」所落之宮，為適合今年發展的方向，但其他因素也須考慮在內。

生肖盤的應用

　　紫微斗數在論命的過程中，無非就是根據命造的「生辰八字」所排出的命盤，依盤面上的宮、星、四化的排列組合，進行分析與釋象，以了解命造從「出生」到「當下」運勢曲線的來龍去脈，究竟是如何演變？甚至依據「當下的條件」，進行預測「不久的未來」，將會遭遇何種狀況（定數）？以便有足夠的心理準備及妥善的應變措施（應數）！盡可能地將傷害及損失，降至最低！以達到趨吉避凶的最終目的！

　　然而，在取盤的過程中，產生「共盤」的機率頗高！所以加入命造的「個人專屬條件」，是十分重要的論盤關鍵！這也是在共盤的大結構下，用以區別個人在不同條件，所發展出不同的命運曲線！當然這些「個人專屬條件」，部分必須經由問命者自行提供！但，「生肖盤」即可從盤面上排出，藉由「生肖盤」更能縮小論命的範圍，使問題點更加精準、且更明確！

　　「生肖盤」，即是取生肖（生年支）的坐宮為太極（設命宮），再依本命盤的模式，逆佈其餘的十一宮，除了「本命十二宮」更改為「生肖十二宮」以外，其餘均不變！如此便完成「生肖盤」了！其用法與本命盤皆同，與本命盤交疊運用，使論命更為淋漓盡致！

　　本命盤：是以【第三者】的角度來看待此命造，所以大家都能以基本的認知，從本命盤去了解命造的處境，也就是命理師站在「旁觀者」的角度，去審視命造的命盤！

　　生肖盤：則是以【命造自己】的角度去審視自己！也就是命理師站在命造的角度去審視命造的命盤！如此，更能切中問題的

核心！對於論盤與解盤都有極佳的效果！

除此以外！因「生肖盤」是永遠不變的！所以在對應各種層次（本命、大限、流年、流月、流日、流時）的盤面時，都可用「疊宮」或「對待」的方式來進行釋象。使所論之運勢結果，能更貼近命造的個人需求！

（1）本命盤的十二宮，皆可取四化出來詮釋當宮的各種現象的轉變與運勢，然而「生肖盤」十二宮也可以比照辦理！只是角度與本命盤不一樣。生肖盤的「宮干四化」，才是命造自己內心最在乎、最想做、最期望，最符合期待的想法！

（2）每張命盤，每個大限，都會隨這順或逆每十年走入下一宮，所以每個大限盤每十年都會順或逆轉盤一宮格，而生肖盤則是永遠不變的！所以彼此「疊宮」時，每個大限十二宮與生肖十二宮的疊宮都會不一樣！在論十年大限時，大命疊生肖何宮？也可以看出命造在這十年大限中，最在乎什麼事！大限盤如此，流年盤、流月盤、流日盤都能依此類推，都能藉由與「生肖盤」的疊宮作用，增加論命的精準度！

（3）論「小限盤」時，則更需要與生肖盤做更深入的結合，因為小限盤的取用原則，就是取自「生年支（生肖）」！所以論小限盤時，甚至可採取與生肖盤更深層的「對待」方式論命。

（4）當論及「六親」時，除了本命盤中符合六親關係的宮位以外，尚可將對方的「生肖」帶入盤中以立太極，如此更能精準定位出，此六親與命造之間的「對待關係」如何？而一般的用法，命造可以本命盤的「命宮」與六親

之「生肖」進行「對待關係」的四化飛伏！即可看出此
六親對命造所造成的影響如何？

斗數手札（一）

拾壹 定位論命法

論命時，所論的「標的」，若於十二宮中無適合者，則依其屬性、或其特殊性質來設定命宮，此法即為「定位論命法」，在實際的論命中，為活盤的應用上不可或缺的方法之一，增加論盤的靈活性，宜善加運用。

1. 轉宮定位法

藉由轉宮找出「標的」的屬性，並設定為命宮，由命宮干四化，則可了解此「標的」對命造構成何種影響？

例如：「辦公室」為官之田（疾厄）。

「大嫂」為兄之夫（子女）。

「職業病」為官之疾（兄弟）。

2. 時間定位法

以「標的」所發生的時間點為太極，並搭配當下發生點的天干所引動的四化，藉此可明瞭其事件之始末及影響。

例如：

（1）民國九十年所買的房子對命造的影響？

此年為辛巳年，可取辛的四化化入本命盤，即可了解所買的房子對命造的影響到底是加分？還是減分？

（2）民國九十七年進入公司？

已進入公司工作的第一天為準，取當年的太歲干或流年干四化入本命盤，以了解命造在公司的工作情況及利弊得失為何？

3. 方位定位法

若「標的」為實體，則取其所在的方位為太極，並可搭配堪輿學的定位方式，應用到斗數盤中，藉由四化的飛伏，即可論其對命造有何影響？及發展性如何？

例如：

（1）命造有棟坐西朝東的房子？

取酉宮的宮干四化入盤，即可明瞭此屋對命造造成何種影響？

（2）尋找貴人？

取本父或大父或流父的宮干四化，看祿入何方位？則可往此方位尋找貴人。

4. 磁場定位法

藉由與「標的」有關聯的數字、圖騰、文字、特性……等引發的「靈感」轉換為數字，依筆劃數所對應的天干序數為太極，以此設定的命宮統稱為「磁場」，亦為「梅花易數」的另一種方式的運用。

例如：

（1）進入 育珅實業公司 上班好嗎?

取公司名字的第一個字的筆劃個位數為準，「育」為八劃，對應的天干序數為「辛」，故取辛的四化入本命盤，可看出此公司對命造的影響為何？

（2）上「明正國中」好呢？還是「中正國中」好？

取「明」為八劃為辛，「中」為四劃為丁，則分別取丁、辛的四化入本命盤，比較其對命造的影響為何？以利選擇。

5. 星性定位法

以符合「標的」特質星性的主星或副星為其太極，設立命宮，並取宮干化，即可看出該「標的」對命造的影響為何？

例如：

（1）可否從事電子業？

電子為「廉貞星」，故取廉貞所坐之宮為太極，視其三方四正及四化的影響如何？可判定此行業是否適合？

（2）可否與人合夥？

以「天同」為太極，配合官祿宮、子女宮，及四化，則可了解是否適合與人合夥。

例：

殺 紫　　夫 癸	昌（忌）　　兄 甲	命 乙	曲（科）　　父 丙
梁 機　　子 壬	陰 女　　　辛 丑 10 月		破 廉　　福 丁
相　　　財 辛	辰 19 時 日		田 戊
巨 陽（祿）（權）　疾 庚	左 右 貪 武　遷 辛	陰 同　　友 庚	府　　官 己

問題：

（1）與母親的關係如何？

設定「兄弟宮」為母親位，故以此兄弟宮為太極，因有生年忌坐守。表與母親有很深的緣分，可釋為甜蜜的負擔。再取宮干甲四化入本命盤，可知祿、權皆入福德宮，科入遷移宮，忌入疾厄宮，可知母親為了助我達成理想及目標，不斷鞭策我，不惜動用所有資源加諸在我身上，同時也加重了我的心理負擔。

（2）民國九十八年（己丑）進入 育珅實業公司 開始上班好
　　嗎？

「育」，筆劃數為八劃，對應天干序數為「辛」，但丑宮及卯宮皆為辛干，因命造於己丑年進入公司，故取丑宮（遷移宮）為太極，此宮有武、貪、左、右同宮，而武、貪主大，所以此為頗具規模的大公司，又因有左、右共守，故員工數量亦多。

再取其宮干辛四化入盤，看此公司對命造有何影響？可知辛干化巨門祿及太陽權入官之田，文曲科入官之子，文昌忌入官之疾，故可釋此公司提供我非常優的工作環境，並使我能夠累積不少的工作經驗。工作上展現不少個人才華，且頗受肯定。但須注意工作本身的本質是否符合公司的體制及法令規章。切勿觸法。

拾貳 四化原理

先天八卦與後天八卦

先天八卦：（伏羲八卦）

先天八卦（圖一）

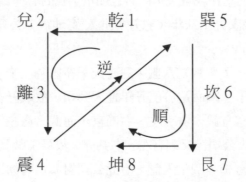

天道左旋：陽為天，故陽儀四卦乾、兌、離、震分序為1、2、3、4。

地道右旋：陰為地，故陰儀四卦巽、坎、艮、坤分序為5、6、7、8。

先天八卦的特點為「本卦」與「對卦」一律互為「錯卦」。所謂的「錯卦」，即是「本卦」的陽爻變陰爻、陰爻變陽爻之後所得之卦稱為「錯卦」。故先天八卦之「本卦」與「對卦」之間，本質上具有陰、陽交換，彼此往來的特質。正所謂：「天地（乾坤）定位，山澤（艮兌）通氣，雷風（震巽）相薄，水火（坎離）相射，數往者順，知來者逆，八卦相錯」。

先天河圖數與地支配：

亥、子取數為 一、六

寅、卯取數為 三、八

巳、午取數為 二、七

申、酉取數為 四、九

辰、戌、丑、未取數為 五、十

後天八卦 ：（文王八卦）

後天八卦（圖二）

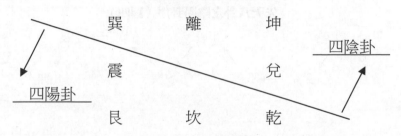

後天八卦九宮圖（圖三）

巽	離	坤
4	9	2
震	(中宮)	兌
3	5	7
艮	坎	乾
8	1	6

化忌原理（後天八卦）

八卦納甲原理

　　所謂「納甲」，係以「八卦」歸納「十天干」。一般納甲首先以「先天八卦」為準。「先天八卦納甲」是取「陽卦納陽干」、「陰卦納陰干」。陽干為甲、丙、戊、庚、壬，納入先天八卦中之乾、艮、坎、震四陽卦。陰干為乙、丁、己、辛、癸，納入先天八卦中之坤、兌、離、巽四陰卦。

　　（1）先取「先天八卦」之卦位的排序：

先天八卦之陰陽卦序（圖四）

　　（2）天道左旋（逆數）：

　　　　1乾為首，次為7艮、6坎、4震再接1乾。

　　　　1乾→7艮→6坎→4震→1乾（乾為首逆排）

　　　　地道右旋（順數）：

　　　　8坤為首，次為2兌、3離、6巽再接8坤。

　　　　8坤→2兌→3離→5巽→8坤（坤為首順排）

　　（3）陽卦的順序：1乾、7艮、6坎、4震、1乾

　　　　1乾 ----- 甲、壬

　　　　7艮 ----- 丙

　　　　6坎 ----- 戊

　　　　4震 ----- 庚

陰卦的順序：8坤、2兌、3離、5巽、8坤

8坤 ----- 乙、癸

2兌 ----- 丁

3離 ----- 己

5巽 ----- 辛

（4）納甲後帶入後天八卦中（圖五）：

後天八卦納甲（圖五）

巽4	離9	坤2
辛	己	乙、癸
震3	5	兌7
庚	5	丁
艮8	坎1	乾6
丙	戊	甲、壬

（5）（圖六）將紫微星系之「主星」，依相對的「卦性」安
　　　入四陽卦之中。天府星系安入四陰卦之中。

（圖六）

巽 4 辛 天梁	離 9 己 破軍	坤 2 乙癸 太陰、貪狼
震 3 庚 天同	5 天府 紫微 5	兌 7 丁 巨門
艮 8 丙 廉貞	坎 1 戊 天機	乾 6 甲壬 太陽、武曲

（6）紫、府二大星系安入十二宮（原始盤）

（圖七）

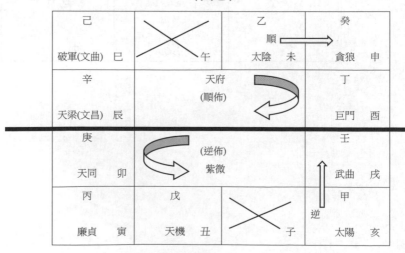

（7）將二大星系分別排入十二宮中。因紫微由中宮進入寅宮
　　（艮），故廉貞由原來的寅宮（艮）移入「同干通氣」
　　的子宮，並逆排紫微星系。（圖七之一）

（8）天府亦由中宮進入寅宮（艮），並順排天府星系，而先
　　前離卦的破軍回復午宮（離）。（圖七之二）

（圖七之一）

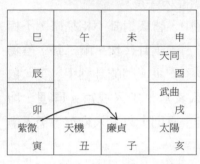

巳	午	未	申
辰			天同 酉
卯			武曲 戌
紫微 寅	天機 丑	廉貞 子	太陽 亥

（圖七之二）

巨門 巳	破軍 午	天梁 未	申
貪狼 辰			酉
太陰 卯			戌
天府 寅	丑	子	亥

（圖七之三）

巳	廉貞 午	未	申
辰			天同 酉
卯			武曲 戌
紫微 寅	天機 丑	子	太陽 亥

（圖七之四）

巨門 巳	午	天梁 未	申
貪狼 辰			酉
太陰 卯			戌
天府 寅	丑	破軍 子	亥

（9）因後天八卦中，子午位互為錯卦，故可相互往來而相生，故陽卦中的廉貞代表眾陽卦進入陰卦中的午宮（圖七之三），而陰卦中的破軍則代表眾陰卦進入陽卦子宮（圖七之四），猶如太極陰陽魚中的「陰陽眼」！如此便成就了紫微斗數的第一張起始盤（圖十）！由此可知紫微星系的排盤法則中的空一、空二、空三！乃是因此而自然形成的規律，並無特殊意義。

（10）以上諸星入後天八卦之中，皆與對卦不相往來，不相盪故為「忌象」，但子、午兩卦為坎、離二卦，陰陽互盪故不為忌象！所以不安星。因乾卦納甲、壬，依「逆排」原則，故甲入亥宮、壬入戌宮。同理，坤卦納乙、癸，依「順排」原則，故乙入未宮、癸入申宮。

（11）由上（圖六）（圖七）即可知：【星性取自卦性】

甲-----太陽化忌

乙-----太陰化忌

丙-----廉貞化忌

丁-----巨門化忌

戊-----天機化忌

己-----破軍化忌（文曲代）

庚-----天同化忌

辛-----天梁化忌（文昌代）

壬-----武曲化忌

癸-----貪狼化忌

以上為十天干對應主星而化忌的原理。

PS：破軍化忌（文曲代）與天梁化忌（文昌代）的原理說明請參考【祿權相生原理】中附註（1）、（3）的說明。

（12）紫微本為中土，納入後天艮卦（寅宮），依序逆佈紫微星系於十二宮中，所以廉貞由寅宮移入「同干通氣」的「子宮」，又因子、午兩宮互盪，故「廉貞」代表陽卦諸星進入四陰卦中的「午宮」，為「陰中一點陽」，同時也將先天河圖數「子宮水1、6數」帶入午宮的「火位」，因為生數1不取（太極），故取成數6，而為「火六局」，象徵水火既濟。

（13）天府亦為中土，亦納入後天坤卦，而寄於艮卦（寅宮），故天府安於艮卦「寅宮」中，其次依地道右旋順佈天府星系於十二宮中，而以離卦的「破軍」代表陰卦諸星進入四陽卦中，為「陽中一點陰」。同時也將先天河圖數「午宮火2、7數」帶入子宮的「水位」，故取其生數2，為「水二局」。

（14）故成就了紫微斗數的第一張起始盤（圖十）

（圖八）

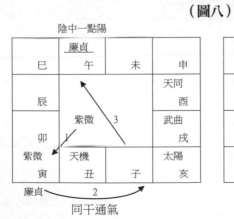

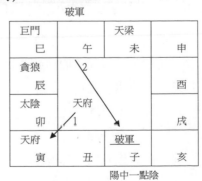

（11）若將河圖先天數納入後天八卦：

一、六為北方水（坎）

二、七為南方火（離）

三、八為東方木（震、巽）

四、九為西方金（乾、兌）

五、十為中央土（納入艮卦與坤卦）

（圖九）

一、六

巽(陰木) 八	離(火) 二、七	坤(陰土) 十
震(陽木) 三	↓　　↑	兌(陰金) 四
艮(陽土) 五	坎(水) 一、六	乾(陽金) 九

二、七

（12）五行局：取河圖生數為主（圖九）

水二局

木三局

金四局

土五局

火六局

（11）（圖十）中「天相」與「七殺」並不在初始的設計
上，個人以為，此乃先賢為了更加細膩描述「天府
星」的特質，而加入天府星系之中，所以此二星並沒
有參與四化。且分別與破軍、天府互為對宮型態，互
為表裡。

起始盤（圖十）

巨門 巳	廉貞 天相 午	天梁 未	七殺 申
貪狼 辰			天同 酉
太陰 卯			武曲 戌
紫微 天府 寅	天機 丑	破軍 子	太陽 亥

化祿、化權原理（先天八卦）

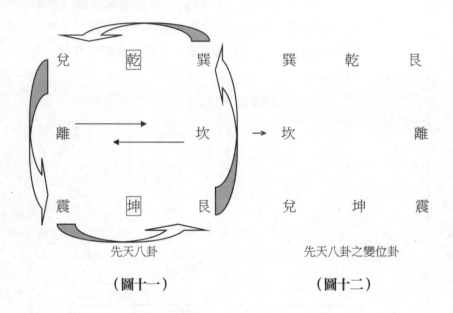

先天八卦　　　　　　　　　先天八卦之變位卦

（圖十一）　　　　　　　　（圖十二）

（1）先天八卦係以「相生」為主，說卦傳中，「天地定位、
　　　山澤通氣、雷風相薄、水火相射，數往者順、知來者
　　　逆，八卦相錯」。表「本卦」與「對卦」之間，均互為
　　　「錯卦」，彼此間陰陽交易而往來，故為「相生」。應
　　　用於紫微斗數中，即為「化祿」與「化權」的象意，故
　　　取「先天八卦」為基礎。（圖十一）

（2）人居住在地球上，是散居在各個角落，而設計紫微斗數
　　　的先賢，是居住在中國黃河流域，以此地區觀測月亮及
　　　諸星群對我們（地球）所造成的影響！並非每個人都
　　　與斗數的設計者處於同一區域，為使紫微斗數能廣為應
　　　用。

　　故將「先天八卦」中的「四隅卦」兌、震、艮、巽，依「逆時針」方向各跳一卦，如此依舊為「四隅卦」，且不失八卦相錯的原理！成為巽、兌、震、艮。此象徵南、北半球、赤道、南北極的人類，雖所處的地域、環境落差很大，也都適用。

　　再則，「坎、離」二卦互換，象徵地球的「自轉」，日與夜並不影響命盤的形成！所以依訂定的「標準時間」為準，則無論在地球哪一個角落出生，其命盤都是相同的，且唯一！因為所遵循的時間是唯一的「標準時間」。所以其他各地區所採用的「相對時間」與「標準時間」不同時，則勢必要轉換成「標準時間」，方能為「紫微斗數」所採用！（圖十二）

　　當然，若命理師若想以中國黃河流域以外的「當地時間」設為「標準時間」，當然可行，則在「論行運」時也應以當地時間為準，才不至於時空錯亂！

先天變位卦九宮納甲（圖十三）

巽	乾	艮
辛	甲、壬	丙
坎		離
戊		己
兌	坤	震
丁	乙、癸	庚

（3）先天八卦之變位卦（圖十二）安入十二宮中，其中紫
微、天府皆入寅、申位，故不安卦。（圖十四）

先天變位卦九宮納甲安入十二宮（圖十四）

辛 巽 巳	甲 乾 午	壬 乾 未	✕ 申
戊 坎 辰			丙 艮 酉
丁 兌 卯			己 離 戌
✕ 寅	乙 坤 丑	癸 坤 子	庚 震 亥

（4）先天變位卦「納甲」安入十二宮（圖十四）中。

（5）先天變位卦「納甲」後，再配「星」（圖十五），採用
後天八卦化忌原理，所形成的起始盤（圖十）。

先天變位卦納甲配星（圖十五）

乙干已使

巨門 辛 巽 巳	廉貞 甲 乾 午	天梁 壬 乾 (文昌) 未	申
貪狼 戊 坎 辰			天同 丙 艮 酉
太陰 丁 兌 卯			武曲 己 離 戌
紫微 天府 寅　紫微權取代	天機 乙 坤 丑	破軍 癸 坤 (文曲) 子	太陽 庚 震 亥

巨門權　　　　　　天梁化權

十天干祿、權相生原理

甲干：

由（圖十五）可知紫微斗數主星的排列已定。「甲干」居午宮乾卦，對應廉貞星，故「廉貞化祿」。當甲干廉貞祿象盪到對宮子宮坤卦破軍，即由「祿象」轉為「權象」，所以此時為「破軍化權」。甲干屬乾卦、破軍居坤卦，屬乾、坤卦位相生。

乙干：

居丑宮坤卦，對應天機星，故乙干使「天機化祿」。盪到未宮乾卦遇天梁星，故轉為「天梁化權」，依然屬乾、坤卦位相生。

丙干：

乙干之天機化祿由丑宮坤卦跳過寅、申線，因此線不安天干，故再順轉到卯、酉線。當乙干轉入卯宮時，由天機祿轉為「天機權」，所以丙干在酉宮使當宮「天同化祿」，盪到卯宮時，接續由乙干轉入的「天機權」，屬艮、兌卦位相生。

丁干：

丁干居卯宮兌卦，使當宮「太陰化祿」，盪到酉宮艮卦時，使天同轉為化權。屬艮、兌卦位相生。

戊干：

丁干之太陰化祿由艮、兌線順轉入辰、戌線的坎、離卦位。使太陰化祿轉化成「太陰化權」於辰宮坎卦，故此時「戊干」居辰宮坎卦，使當宮「貪狼化祿」，「太陰化權」。此屬坎、離卦位相生。

己干：

辰宮貪狼化祿盪到兌宮離卦時，轉為「貪狼化權」，而對宮戌宮離卦的己干使當宮「武曲化祿」，所以兌宮離卦己干使「武曲化祿」、「貪狼化權」，均屬坎、離卦位相生。

庚干：

己干的武曲化祿轉入巳、亥線的震卦位，轉化為「武曲化權」。使亥宮庚干太陽化祿接續轉化的「武曲化權」，故庚干使「太陽化祿」、「武曲化權」。屬震、巽卦位相生。

辛干：

巳宮巽卦辛干使當宮巨門化祿，盪到亥宮震卦時，當宮太陽化祿轉為「太陽化權」，此屬震、巽卦位相生。

壬干：

辛干巨門化祿本來應該順轉入子、午宮的乾、坤卦位，轉化

為巨門化權,但是,同為乾、坤卦位的丑宮「乙干」,先前已從丑宮坤卦盪入對宮的未宮乾卦,使「天梁化權」了,所以由「紫微化權」取代「巨門化權」,此屬乾、坤卦位。

癸干:

之前辛干巨門化權入同是乾卦的午宮廉貞位,當子宮坤卦癸干使破軍化祿,接續對宮午宮乾卦的「巨門化權」,故癸干使「破軍化祿」、「巨門化權」。屬乾、坤卦位相生。

附註:

(1)「己干」四化時,本來應該是 武曲化祿、貪狼化權、天梁化科、破軍化忌。但因為在「先天變位卦」中,天梁與破軍同處於乾、坤卦位之中,若天梁化科的同時,又使破軍化忌!則有背相生之理,故以星性類似的「文曲星化忌」取而代之。

(2)「庚干」四化時,取 太陽化祿、武曲化權、天府化科、天同化忌。若取「太陰化科」,則(圖十)所完成的紫微斗數「起始盤」中,在「太陰化科」的同時,也使對宮的「天同化忌」與之往來,如此有背後天八卦的「忌象」不相往來的原理。故庚干應取「天府化科」較為合理。

(3)「辛干」四化時,本來應取 巨門化祿、太陽化權、文曲化科、天梁化忌。但因為文曲已取代破軍,所以「文曲化科」此時居於子宮坤卦位,若取未宮乾卦「天梁化忌」,則天梁忌與文曲科皆屬乾、坤卦位,違背相生之理,故以星性相近的文昌星取代,所以「辛干」四化時,取巨門化祿、太陽化權、文曲化科、文昌化忌。

（4）由上可知，紫微斗數的「起始盤」同時符合「先天八卦」的相生原理，也符合「後天八卦」的相剋理則，實是絕妙的創作！

化科原理（後天八卦）

「化科」代表「將濟（忌）未濟（忌）」的型態，有即將收藏、保留的意思。故取「後天八卦」化忌原理中的「土位」（圖七），包含「中央土」的紫微、天府，及「四庫地」的天梁、武曲、天機、太陰等六顆主星，如此尚欠四顆星，故另取左輔、右弼、文昌、文曲補齊。

中央土與四庫地諸星化科（圖十六）

		癸 太陰	
巳	午	未	申
己　天梁 辛　文曲 壬　左輔　辰	四陰卦　庚　天府		酉
卯	四陽卦　乙　紫微	甲　武曲 丙　文昌 戊　右弼　戌	
寅	丁　天機 丑	子	亥

（A）在（圖十六）中，取生數甲（1）、乙（2）、丙（3）、丁（4）、戊（5）分別搭配後天八卦四陽卦的中土、戌土與丑土。

（B）甲（1）、丙（3）、戊（5）三陽干配陽支戌土，乙（2）干配中土，丁（4）干配丑土。所以，甲配武曲

科、丙配文昌科、戊配右弼科、乙配紫微科、丁配天機科。

（C）取成數己（6）、庚（7）、辛（8）、壬（9）、癸（10）分別搭配四陰卦的中土、辰土與未土。

（D）庚（7）配中土，與乙（2）同位，乃屬一、六共宗之理。故庚配天府科。

（E）癸（10）為陰干理應配陰支，故配未土。癸配太陰科。

（F）己（6）與辛（8）分別與甲（1）和丙（3）同屬一、六共宗，故己（6）與辛（8）配辰土。
所以己配天梁科、辛配文曲科。

（G）壬干為陽干則配辰土亦為合理。故壬配左輔科。

（H）化科原理也可顯示出左輔、右弼及文昌、文曲在紫微斗數排盤中的排列法則。左輔、文曲皆由辰宮起，順數（地道右旋）。右弼、文昌由戌宮起，逆數（天道左旋）。

拾參 四化結構的探討

「四化」是紫微斗數的用神，一張命盤有十二個宮位，而這十二宮的情形可用十四顆主星及副星來形容，而四化則是來修飾這些主、副星，讓我們更了解命盤所呈現的磁場感受是吉？是凶？

四化的引動，是天干藉由主星及助星而啟動祿、權、科、忌四種不同的能量，而十四顆主星分屬紫微星系及天府星系，故當四化曜皆屬同一星系時，其相對宮位則永遠不變，自然有一定層面的影響力。

「祿」，是好的感覺、理想之所在、好的事物、有利可圖……等等屬「好的磁場」，既然如此，當然是人人想要掌握、擁有、及享受的磁場，也是讓人為之努力堅持下去的原動力，因此才有接下去的化權、化科、化忌！若無「化祿（因）」的引誘，就沒有「化權、化科」，的努力過程，也就沒有「化忌（果）」的最後成果。

故若令「化祿之星」所坐的宮位為「命宮」，則可找出化權、化科、化忌所落之宮位，分別與「祿入之宮」的相對關係。

甲干四化（改頭換面）

四化 紫微坐宮	廉貞㊖	破軍㊙	武曲㊔	太陽㊋	沖
子午紫微	命	夫	官	友	兄
丑未紫破	命	財	官	友	兄
寅申紫府	命	遷	官	友	兄
卯酉紫貪	命	官	官	友	兄
辰戌紫相	命	福	官	友	兄
巳亥紫殺	命	命	官	友	兄

甲：廉 破 武 陽

（1）令「廉貞祿」為命宮。廉貞化氣曰「囚／放」，為官祿
主。化囚時，有受限、受制、猶豫不決……等不好的感
覺，實在不符合化祿的象意，所以應取「化放」表得到
解脫、不受限、無限擴大……等良好的感覺。

（2）「破軍權」可能為命、財、官或夫、遷、福。「破軍
權」充滿了幹勁與爆發力！若「破軍權」居於命、財、
官等我宮，則甲干之四化可由自己掌控，而成就「廉貞
祿」！若為夫、遷、福，則甲干之四化須藉由外力方可
成就「廉貞祿」。

（3）「武曲科」一定坐在「廉貞祿」的官祿位，表行事作為
上必須親力親為，且貫徹執行力，以求自己的能力受到
肯定。

（4）「太陽忌」也一定入交友位，因太陽為「官祿主」，故著重於工作、行為上需改頭換面、脫胎換骨，改變原來失當的行為與做法，方可解廉貞之囚性。

（5）打破成規，改變做法。此組四化成就「三奇嘉會格」的比率頗高。其重點就在於改變原來的做法，才能擺脫廉貞帶來的囚性！

（6）改頭換面。

乙干四化（鞠躬盡瘁）

四化 紫微坐宮	天機(祿)	天梁(權)	紫微(科)	太陰(忌)	沖
子午紫微	命	夫	父	遷	命
丑未紫破	命	財	父	官	夫
寅申紫府	命	遷	父	福	財
卯酉紫貪	命	官	父	命	遷
辰戌紫相	命	福	父	夫	官
巳亥紫殺	命	命	父	財	福

乙：機 梁 紫 陰

（1）令「天機祿」為命宮，為智慧的象徵。化祿時可表將獲得崇高的智慧與知識，而這組四化，則提供了提升智慧的方法。

（2）「天梁權」與「太陰忌」必為三合，屬於天府星系。若此二化曜入天機祿之「命、財、官」，則此組四化的吉凶掌握在自己手中，「天梁權」表學、經歷為智慧的重要來源，只有經過高人、貴人的循循善誘及教導，才能藉由學、經歷的不斷累積，而增長智慧。而太陰為多才多藝之星，「太陰忌」則表若要成就這些才能，就必須「憑藉自己」的努力與堅持，經年累月一點一滴累積而成智慧結晶。

（3）若「天梁權」與「太陰忌」若為天機祿之「夫、遷、福」，則此組四化易受外力的影響甚大。表所得之智慧、才能，需「借助於他人」方可成就「天機祿」。

（4）「紫微科」入父母宮，故上位者的肯定，是天機不可或缺的動力來源。同時，往往「天機祿」的努力並不為己，卻將所得之智慧、才能敬獻給上位者，若上位者多給予鼓勵與實質的肯定，更能激發天機的智慧及向心力，也將獲得「天機祿」所創造的實際利益。故天機星坐命者，不適合當主事者、領導者、老闆……。

（5）鞠躬盡瘁。

丙干四化（行善積德）

四化 紫微坐宮	天同(祿)	天機(權)	文昌(科)	廉貞(忌)	沖
子午紫微	命	官	x	子	田
丑未紫破	命	官	x	子	田
寅申紫府	命	官	x	子	田
卯酉紫貪	命	官	x	子	田
辰戌紫相	命	官	x	子	田
巳亥紫殺	命	官	x	子	田

丙：同 機 昌 廉

（1）令「天同祿」為命宮。天同化氣曰「福」，為福德主，一生運勢的吉、凶？顯現命造福德的厚？薄？

（2）「天機權」為天同祿之官祿宮，天同的好福報，可藉由「天機權」的機動性、驛馬特質來驅動善心、惻隱之心「化善」的表現。同時說明「福報」來自於時時刻刻隨機的善舉，是及時行善的具體表現。

（3）「文昌科」十二宮皆有可能！文昌科可為認證、印記、標誌、公認……等象意，在此與「福報」連結，可隱喻「行善的憑證」，因福報的認定不在於白己，而是在於眾生（老天），也就是【「天機權」入天同祿之官祿宮】的真正含意，又因天機著重「捨」，不求回報！所以無須留名、憑證、收據……等。故此「文昌科」表行

善的紀錄將留在文昌星所入之宮，以備「老天」福禍總結之時參酌之用！

「福報」可不是自己說了算哦！

（4）「廉貞忌」為「天同祿」的子女宮，論福德時，可釋為善舉的不斷延伸與擴展，雖然付出的心力無窮無盡而不求回報，倒也讓「廉貞忌」的化「囚」轉化為化「放」！釋出善舉越多，則所獲得的福報也就越多。

（5）此組四化結構為「十步天干訣」中的「四鳳型態」，重點不在於命造本身的能力如何？而是對於當下的其他人、事、物、環境能否提供有效幫助？這幫助不在於多寡，而是在於這些外在環境（人、事、物）是否真的需要幫助？若所提供的幫助，只是錦上添花而已，那是無法增添福報的。反之，即使只是簡單的舉手之勞、一句話語，一個動作，都有可能因此而累積天大的福報！

（6）行善積德。

丁干四化（錙銖必較）

四化 紫微坐宮	太陰⟨祿⟩	天同⟨權⟩	天機⟨科⟩	巨門⟨忌⟩	沖
子午紫微	命	福	遷	福	財
丑未紫破	命	官	財	福	財
寅申紫府	命	遷	夫	福	財
卯酉紫貪	命	財	命	福	財
辰戌紫相	命	夫	福	福	財
巳亥紫殺	命	命	官	福	財

丁：陰 同 機 巨

（1）令「太陰祿」為命宮，太陰化氣曰「富」，重私利，正所謂：「人不為己、天誅地滅」，太陰「存財的意志」是無人能及的！所以才能由涓滴之財（財帛主）累積而成大財庫（田宅主），而太陰致富的祕訣，就藏在丁干四化的細節裡！

（3）「天同權」與「天機科」同屬於紫微星系，且必為三合，若又與「太陰祿」互為三合，則成為「三奇嘉會格」，為「晚發格」，只要少說多做，凡事多下苦功，終究必有大成。

（4）「天同權」、「天機科」若皆入「太陰祿」的三合命、財、官，則表行運的過程中，所有的努力與堅持，只有靠自己無比的艱辛與毅力才能熬出頭！否則將一事

311

無成。

（5）「天同權」、「天機科」若皆入「太陰祿」的夫、遷、福，則表示與搭檔之間需做適當的磨合與配合（天同權），得到彼此的肯定與支援（天機科），如此才能共創未來、賺大錢（太陰祿）！

（6）「巨門忌」永遠在「太陰祿」的福德宮。福德宮為精神宮位、也是享受位、壓力宮位、花錢宮位……，而此巨門忌，就是關閉太陰祿想花錢釋壓、享受的一道大門，終結太陰祿的眼下一切慾望來源，好為將來的「理想」儲備更多的資源。

（7）因為「巨門忌」永遠在「太陰祿」的福德宮，所以一定「忌沖」太陰的財帛宮（祿之三合）！易造成「忌沖破祿（三合）」的現象，此組四化中，祿與忌形成「三旗」的對待關係（十步天干訣），而容易造成忌沖祿之三合，為忌出，為凶。所以「巨門」是守住太陰財庫的最後一道門！

（8）錙銖必較。

戊干四化（心想事成）

四化 紫微坐宮	貪狼㊉	太陰㊉	右弼㊉	天機㊉	沖
子午紫微	命	兄	x	友	兄
丑未紫破	命	兄	x	疾	父
寅申紫府	命	兄	x	子	田
卯酉紫貪	命	兄	x	兄	友
辰戌紫相	命	兄	x	父	疾
巳亥紫殺	命	兄	x	田	子

戊：貪 陰 右 機

（1）令「貪狼祿」為命宮，貪狼星充滿理想與幻想，同時貪
狼也有著高昂的求知慾，當「化祿」的時候，就有機會
達到符合心中所想要的目標！只要不懈怠，終將心想事
成。

（2）「太陰權」，顯示貪狼的「隨興」，基於內心的執著及
當下互動的喜好，也著重價值觀的實際面，利之所趨。
因太陰星心思細膩、凡事斤斤計較，所以為了完成目
標，勢必處處與人錙銖必較！但因「太陰」永為貪狼的
「兄弟位」，為「他宮」，故此「太陰權」對於「貪狼
祿」來說，可不能「過於」斤斤計較，因為落入他宮，
否則失去「兄弟」的助力（化權），「貪狼祿」是很難
完成目標與理想的。

（3）「右弼科」，於十二宮皆有可能，右弼雖為副星，但卻是邁向理想的重要指標！右弼是屬外來的助力，落入「那一宮」？就必須得「那一宮」之助，否則難成大業！若入「我宮」，表自我的肯定與努力是邁向成功的基石。若入「他宮」，則表除了自身的努力以外，尚需得「右弼科」所入之宮的肯定與協助，才能完成目標！

（4）「天機忌」，相對於「貪狼祿」而言，永遠在「他宮」，而且天機星又為兄弟主，表示貪狼想要完成自己的理想，若沒有外在環境、資源的提供，及他人的肯定與協助，終將無法成就內心所嚮往的理想目標！

（5）此組四化，對於「貪狼祿」而言，除了「右弼科」以外，其餘的「太陰權」、「天機忌」，皆未入其三合，所以權、忌 的掌控權皆落入「他宮」，因此「貪狼祿」想要完成目標，勢必要經過一翻極其艱苦的競爭與奮戰，方能達成！否則理想終究也只是遙不可及的「夢想」而已！

（6）心想事成。

己干四化（量力而為）

四化 紫微坐宮	武曲(祿)	貪狼(權)	天梁(科)	文曲(忌)	沖
子午紫微	命	夫	父	X	X
丑未紫破	命	財	兄	X	X
寅申紫府	命	遷	子	X	X
卯酉紫貪	命	官	疾	X	X
辰戌紫相	命	福	友	X	X
巳亥紫殺	命	命	田	X	X

己：武貪梁曲

（1）令「武曲祿」為命宮。武曲星化氣曰：「財」，為利益之所得，也為正財星，付出多少心力，就該獲得對等的回報，雖然武曲也爭財，但不合理的財利，絲毫也不會勾起武曲的貪念！正所謂：「君子愛財、取之有道」，就是在描述武曲的正義感！所以武曲之人，對於該花的錢，再多都捨得花。而認為不該花的錢，則是一毛不拔。故「武曲祿」可釋為「量力而為」！此外，財＝才，除了現實的金錢、財力可提高武曲的行情以外，本身所具備的，內涵、學識、才華……等亦可提升武曲的身價。

（2）武曲祿若要將本身的能力與才能發揮到極致，則「貪狼權」的落點，就顯示了「施力點」的關鍵就在當宮。貪狼星乃為「教化之始」，求知慾甚強，就學程而言是屬於「基礎教育」的養成，且貪狼反應敏捷常能舉一反三，所以若基礎教育不夠扎實，貪狼星往往很容易走偏！

「貪狼權」若落在「武曲祿」命宮的三合（命、財、官），表一切的努力與身價的提升，都要靠自己從根基做起，按部就班的自我努力學習。若「貪狼權」落在他宮，則表示除了靠自己的努力以外，還需要依靠他人的幫助，才能提升自己的能力與身價。

（3）「天梁科」，天梁星化氣曰「蔭」，為父母宮主、文書、貴人……等星性，在此「天梁科」只入「武曲祿」的子、友、父或兄、疾、田等「他宮」，這表示「武曲祿」所認定的「財與才」，是必須符合他人的要求及肯定。不可以自認之「理」而為之！就因為此「天梁科」在「他宮」，並不在「我宮」之中。

（4）「貪狼權」與「天梁科」為四正位的關係，表著重環境、資源的優勢落入哪一組四正位之中？

（5）「貪狼權」與「天梁科」若入「夫、官、父、疾」四正位，表著重在行為表現、心思想法、長輩貴人、能力的肯定……等方面要多加努力與琢磨。

（6）若入「兄、友、財、福」四正位，表著重人脈、資源的運用將是提升「武曲祿」的利器。

（7）若入「命、遷、子、田」四正位，表著重個人能力、資質的拓展與提升能否得到大家的「公認」！若沒有舞

台？就沒有舞者表演的空間與機會？正謂 ：「巧婦難
為無米之炊」。

（8）「文曲忌」，十二宮皆有可能進駐。文曲星雖帶有先天
的才藝與才能，也要在「文曲忌」所落之宮下功夫！經
過長時間的精進學習，才能成為專業領域中的佼佼者！
也因此才能獲得眾人的肯定與支持。

（9）量力而為。

庚干四化（將心比心）

四化 紫微坐宮	太陽㊍	武曲㊊	天府㊐	天同㊎	沖
子午紫微	命	兄	疾	夫	官
丑未紫破	命	兄	友	夫	官
寅申紫府	命	兄	田	夫	官
卯酉紫貪	命	兄	父	夫	官
辰戌紫相	命	兄	兄	夫	官
巳亥紫殺	命	兄	子	夫	官

庚：陽 武 府 同

（1）令「太陽祿」為命宮。太陽為業務型的官祿主，化氣曰：「貴」，重表現、重名聲、愛面子所以也好爭。化祿時，就表有貴氣、有名聲有氣勢、工作表現亮眼、人脈左右逢源……

（2）太陽與武曲同屬紫微星系，所以「武曲權」一定入「太陽祿」的「兄弟位」，所以為了「太陽祿」的面子問題，勢必與周遭的親朋好友間，難免有一翻的爭執！明著是爭「理」，實質上就是為了「面子問題」。

這「武曲權」，易使「太陽祿」為了天大的面子而失格，與旁人爭得面紅耳赤，甚至自以為是，得理不饒人！最後恐落得裡外不是人，既失了面子、也失了裡子！那就太划不來了。尤其是與至親、親子、夫妻間的

318

親密關係上，更要格外的謹慎拿捏此分際，才不會重創彼此的親密關係！若能適度的掌控與配合彼此所著重的「理」，只要雙方的理通了，自然是贏了面子、也贏了對方的尊重。

（3）「天府科」皆為「他宮」，故「太陽祿」所需要的名聲是出自他人的肯定，最忌諱的就是「自以為是、自我感覺良好」，那就容易形成「公說公有理、婆說婆有理」的窘境，永遠也得不到對方的認可，甚至撕破臉，那就更丟臉囉！

（4）「天同忌」必入「太陽祿」的夫妻位，且「忌沖」官祿位！表「太陽祿」過於看重面子、名聲問題，而往往不願屈就於「理」的現實，因而容易缺乏同理心，無法站在對方的立場思考問題，當然彼此間的衝突只會越辯越僵！或許因為你的強勢，而撐起了面子，但也同時失去了對方的心。若對方是配偶，一旦失去了配偶的心，彼此的婚姻勢必將遭受嚴重的考驗！到時恐怕是沒了面子，也失了裡子，得不償失！

（5）此組四化結構，屬「十步天干訣」中的「三旗」型態！成功與否皆與自身的行事作為有關，而與環境、他人的關聯較小，故凡事應謹慎思考，小心「對待」才不至於出差錯，而誤了大事。「三旗」中，其組合【忌必沖破祿之三合】，故屬「凶」象！

（6）將心比心

辛干四化（石破天驚）

四化 紫微坐宮	巨門(祿)	太陽(權)	文曲(科)	文昌(忌)	沖
子午紫微	命	福	X	X	X
丑未紫破	命	官	X	X	X
寅申紫府	命	遷	X	X	X
卯酉紫貪	命	財	X	X	X
辰戌紫相	命	夫	X	X	X
巳亥紫殺	命	命	X	X	X

辛：巨 陽 曲 昌

（1）令「巨門祿」為命宮。巨門化氣曰：「暗／顯」，巨門是專業星、研究星，對於初出茅廬的巨門而言，專業度絕對是不夠的，在此同時當然要「化暗」、低調，才能明哲保身，不至於禍從口出而惹出一堆八卦來。但當巨門經過長時間的努力，專業度不斷提升的狀況下，一旦到達專業領域的「門檻」時，當然就要「化顯」，盡情的展現自己的專業技藝，此時可就是叱吒風雲、喊水結凍，甚至一字千金啊！何來八卦之說？

（2）太陽星為「官祿主」，當「太陽權」入「巨門祿」的命、財、官，則自然為我宮我用，表示太陽著重在自己實際的行動上，不斷的提升專業的各項知識與技能，直到達到「門檻」時，方可化顯！由璞玉蛻變為美玉。

（3）「太陽權」若入夫、遷、福，則需藉由努力與他人競爭，或得外力的協助方可爬上巔峰。

（4）至於「門檻」為何？以巨門的學程而言，乃是「博士」階層，是屬於專業領域中的佼佼者，可想而知，要達到此門檻是何等的不容易啊！

（5）「文曲科」與「文昌忌」皆表巨門的執著與專業，在「太陽權」不斷的努力下，發揮本身「文曲科」與「文昌忌」所具備的才華與才氣，在不斷的淬鍊與提升當中，逐步邁入「巨門祿」的高門檻。而「文曲科」與「文昌忌」十二宮皆有可能，故巨門是屬於全方位的學習。

（6）石破天驚。

壬干四化（借力使力）

四化 紫微坐宮	天梁(祿)	紫微(權)	左輔(科)	武曲(忌)	沖
子午紫微	命	田	x	兄	友
丑未紫破	命	友	x	父	疾
寅申紫府	命	疾	x	田	子
卯酉紫貪	命	子	x	友	兄
辰戌紫相	命	兄	x	疾	父
巳亥紫殺	命	父	x	子	田

壬：梁 紫 左 武

（1）令「天梁祿」為命宮。天梁化氣曰「蔭／滅」，為父母宮主，為貴人星，可「蔭人」，天梁星為「我用」，他人受惠。亦可「被蔭」，天梁星為「他用」，我受他人恩賜。

（2）「蔭人者」：我佈施、他人受惠，則在蔭人的前提之下，自己本身的各項條件都以俱足，此時才有多餘的能力蔭人，故「蔭人者」雖表面上是付出、損失的狀態，但也證明因為「有」，才能有所「貢獻」！至少不缺，無須貴人。

（3）「被蔭者」：我因欠缺、不足而受他人恩惠，因他人之助才能站穩腳步，表示自己因能力不足、資源欠缺、失去機會等種種因素，而無法立足、前進，所以亟需貴人

的出現！當天梁出現時，若施予恩惠，我將解決當下困境，解脫出頭，此為「被蔭」。反之，若遲遲未得天梁適時之助，則將過不了關，甚至波及下層，倒有「誅延九族」之勢，故曰「滅」。

（4）「紫微權」與「武曲忌」必為三合，且為「天梁祿」的「子、友、父」或「兄、疾、田」這兩組三合，且多為六親宮（他宮），這表示「天梁祿」的助力，皆來自他宮，故稱為貴人星、蔭星。「權與忌」皆落入他宮，想自己成就「天梁祿」是辦不到的，需借助他宮之力方可成事。

（5）天梁祿之人，易平白無故從他人身上得到好處及利益，故此組四化極易得眾生之財（天公財）。反之若天梁受忌沖時，則屋漏偏逢連夜雨，甚至猶如遭天譴般一蹶不振！

（6）借力使力。

癸干四化（不求自來）

紫微坐宮 ＼ 四化	破軍㊐	巨門㊢	太陰㊢	貪狼㊊	沖
子午紫微	命	友	田	官	夫
丑未紫破	命	友	田	官	夫
寅申紫府	命	友	田	官	夫
卯酉紫貪	命	友	田	官	夫
辰戌紫相	命	友	田	官	夫
巳亥紫殺	命	友	田	官	夫

癸：破巨陰貪

（1）令「破軍祿」為命宮。破軍化氣曰「耗／納」，破軍星的「耗」，其實只是「餌」而已，所期待所想要的，就是藏在餌後方的「大魚」（納）！破軍星用最少的付出，換取最大的利益，所以破軍實乃十四顆主星中最會搶錢者，其田宅位必有太陰星把守。

（2）「巨門權」入其交友位，表在「破軍祿」背後大利的引誘之下，隨時要在策略、觀念、做法……等各方面作適當的修正、改變，千萬拿捏好自我的堅持與想法，勿落入固執與偏見，造成所付出的心血付諸東流。

（3）「太陰科」入其田宅位，表示「破軍祿」一旦鎖定目標之後，隨即便對此「餌」背後所帶來的「大魚」，有所期待！絲毫不會有些許的放棄與輕視，絕對一網打盡！

（4）「貪狼忌」入其官祿位。此表「破軍祿」所下的目標，利的大小規模，將取決於官祿宮的「貪狼忌」身上！若「巨門權」的能力足夠，自然能符合貪狼的理想規格而實際擁有此「破軍祿」！

（5）反之，若「巨門權」的能耐不如預期，甚至只流於空談不切實際，則「太陰科」充其量只是空中畫大餅而已，「貪狼忌」也不過是個夢想而已，一旦醒來還是一場空！所以，「貪狼忌」入官祿宮最佳的做法，就是先設定目標之後，全力以赴，為所設定的目標不斷前進、修正、再提升，對於自己的能耐，「相對應」刻劃出所要的理想目標！但因「貪狼忌」的關係，人往往容易受貪婪之心的引誘而迷失，影響過程的進行，故建議無須設定目標的規格？只要確定目標方向，勇往直前、全力以赴，自然能獲得意想不到的大收穫！盡人事、聽天命！

（6）此組四化曜皆為天府星系，所以彼此的相對關係是永遠不變的，祿、忌皆入我宮，極容易造成「祿隨忌走（雙忌）」的現象！而所有的因果關係都落在自己身上，起因（祿）是自己、結果的承受（忌）也是自己，所以此組四化的關鍵就在於交友宮「巨門權」！唯有跳開自以為是、自我肯定的狹隘思考模式，讓專業徹底跨出更寬廣的門檻，才能創造出最龐大的利益！

（7）不求自來。

國家圖書館出版品預行編目資料

斗數手札（一）／斗數老饕著. --初版.--臺中
市：白象文化，2018.8
　　面；　公分.——（天地道；20）
ISBN 978-986-358-684-5（第1冊：平裝）

1.紫微斗數

293.11　　　　　　　　　　107009049

天地道（20）

斗數手札（一）

作　　者	斗數老饕	
校　　對	賴永宗	
發 行 人	張輝潭	
出版發行	白象文化事業有限公司	
	412台中市大里區科技路1號8樓之2（台中軟體園區）	
	出版專線：（04）2496-5995　　傳真：（04）2496-9901	
	401台中市東區和平街228巷44號（經銷部）	
	購書專線：（04）2220-8589　　傳真：（04）2220-8505	
專案主編	徐錦淳	
出版編印	林榮威、陳逸儒、黃麗穎、水邊、陳婷婷、李婕、林金郎	
設計創意	張禮南、何佳諠	
經紀企劃	張輝潭、徐錦淳、林尉儒、張馨方	
經銷推廣	李莉吟、莊博亞、劉育姍、林政泓	
行銷宣傳	黃姿虹、沈若瑜	
營運管理	曾千熏、羅禎琳	
印　　刷	基盛印刷工場	
初版一刷	2018年8月	
初版二刷	2018年10月	
初版三刷	2021年8月	
二版一刷	2023年10月	
定　　價	350元	

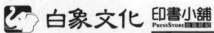

白象文化　印書小舖　出版 · 經銷 · 宣傳 · 設計
www.ElephantWhite.com.tw　自費出版的領導者　購書 白象文化生活館